ルーツは修道院。知っておきたいポルトガル菓子101選

ポルトガル菓子図鑑
お菓子の由来と作り方

ドゥアルテ智子
TOMOKO DUARTE

UM GUIA COMPLETO DA
DOÇARIA PORTUGESA

はじめに

　1982年、初めて長崎を訪ねた当時大学生の私が、一切れのカステラを頬張りながら頭をよぎった素朴な疑問。
　「今のポルトガルのカステラってどうなっているんだろう？ ほかにもどんなお菓子があるんだろう？」
　これがポルトガル菓子を追いかけるようになった、私の原点です。
　大学卒業後すぐ、情熱の赴くまま単身ポルトガルへ渡りました。
　ポルトガルでは、見た目はぱっとしない地味なお菓子なのに、味わってみると甘みの中になんともいえないコクと深みがある、見た目と味のギャップにいったい何度驚かされたことでしょう。
　そんな魅力に惹きつけられたまま、気がつけば約30年必死にポルトガルの食文化の勉強をしてきました。
　私は本当にポルトガルで多くの人に助けられて菓子作りを学んだので、日本でポルトガル菓子を知りたいと考える人には喜んで教えたい。何より少しでも多くの日本の人にポルトガル菓子に興味をもって欲しい。そして何十年、いや何百年後の日本でポルトガル菓子が日本人の食生活の中にとけ込んでいる未来のために力を注ぎたい、と強く願うようになりました。
　そこで2014年2月にそれまで8年運営したリスボンの店を閉め、2015年4月に京都で日本初のポルトガル菓子専門店「Castella do Paulo ポルトガル菓子店」をオープンしました。
　より多くの人により多くのポルトガル菓子を知ってほしいと願うなか、この度、本書『ポルトガル菓子図鑑』の執筆の機会を得たことを、とても幸せに思っております。
　澄み切った青空と赤い屋根瓦の家、少し歩きにくい石畳、路地をコトコトと走る市電、テージョ川から見るリスボンの街並み。こんなヨーロッパの西の果てにまだまだおいしいお菓子があることを本書をご覧になって、少しでも知って興味をもってもらえたら、これほどうれしいことはありません。
　私が日本でポルトガル菓子を広める基盤作りのきっかけをくださったサンマルクホールディングスの創業者である故・片山直之社長、アンデルセングループの故・高木誠一会長に心より感謝申し上げます。

この本を執筆するチャンスを下さり、また多大な尽力をしてくださった誠文堂新光社および編集者の羽根則子さん、フォトグラファーの長瀬ゆかりさん、天野芙美さん、三宅志歩さん、「Castella do Paulo ポルトガル菓子店」のスタッフのみんな、そして私の大事なファミリー、本当にありがとう。

ポルトガルに渡った当初、言葉もわからず、何のコネもつてもない私にいろいろ人が親切にお菓子や料理を教えてくれました。そのなかの1人がポルトガル菓子の師で夫でもあるパウロ・ドゥアルテです。

尽きることのない探究心で突き進む私を、いつも支え協力してくれた夫なしには、こんなにたくさんのポルトガルのお菓子に出合うことはできませんでした。
Obrigada, Paulo！

2019年11月
ドゥアルテ智子

UM GUIA COMPLETO DA
DOÇARIA PORTUGESA

ポルトガル菓子図鑑

・◁▷・◁▷・
ÍNDICE

A

ALCOMONIAS	アルコモニィアシュ	—— 10
ALETRIA	アレトゥリーア	—— 12
ALFENIM	アルフェニン	—— 14
AMÊNDOAS DE SOBREMESA	アーメンドアシュ・デ・ソブレメーザ	—— 16
AREIAS	アレイアシュ	—— 18
ARGOLAS	アルゴラシュ	—— 20
ARREPIADOS	アレピアードシュ	—— 22
ARROZ DOCE	アローシュ・ドース	—— 24

B

BÊBADOS	ベーバドシュ	—— 26
BISCOITO DE AZEITE	ビスコイット・デ・アゼイテ	—— 28
BISCOITO DE MILHO	ビスコイット・デ・ミーリョ	—— 30
BISCOITO DE ORELHA	ビスコイット・デ・オレーリャ	—— 32
BOLA DE AZEITE	ボーラ・デ・アゼイテ	—— 34
BOLA DE BERLIM	ボーラ・デ・ベルリン	—— 36
BOLACHA DE SETÚBAL	ボラシャ・デ・セトゥーバル	—— 38
BOLEIMA	ボレイマ	—— 40
BOLO	ボーロ	—— 42
BOLO DE ARROZ	ボーロ・デ・アローシュ	—— 44
BOLO DE BOLACHA	ボーロ・デ・ボラシャ	—— 46
BOLO DE MEL DA MADEIRA	ボーロ・デ・メル・ダ・マディラ	—— 48
BOLO DE NOIVA	ボーロ・デ・ノイヴァ	—— 50
BOLO DO CACO	ボーロ・ド・カッコ	—— 52

BOLO LEVEDO ボーロ・レヴェド ——— 54
BOLO PODRE ボーロ・ポードレ ——— 56
BOLO REI ボーロ・レイ ——— 58
BROA DE MILHO ブローア・デ・ミーリョ ——— 60
BROAS DE BATATA ブローアシュ・デ・バタータ ——— 62
BROAS DE ESPÉCIE ブローアシュ・デ・エスペッシー ——— 64

C

CARACÓIS カラコイッシュ ——— 68
CASTANHAS DE OVOS カスターニャシュ・デ・オヴォシュ ——— 70
CONFEITOS コンフェイトシュ ——— 72
CORNUCÓPIA コルヌコピア ——— 74
COVILHETES コヴィレッテシュ ——— 76

D

DOCE DA AVÓ ドース・ダ・アヴォ ——— 78

E

EMPADAS DE FRANGO エンパーダシュ・デ・フランゴ ——— 80
ENCHARCADA エンシャルカーダ ——— 82

F

FARÓFIAS ファロフィアシュ ——— 84
FARTURAS ファルトゥーラシュ ——— 86
FILHÓS DE FORMA フィリョーシュ・デ・フォルマ ——— 88
FILHÓS ENROLADA フィリョーシュ・エンロラーダ ——— 90
FILHÓS TENDIDAS NO JOELHO フィリョーシュ・テンディーダシュ・ノ・ジョエリョ ——— 91
COSCORÕENS コシュコロインシュ ——— 92

5

FIOS DE OVOS フィオス・デ・オヴォシュ —— 94
DUCHESES ドゥシェーズシュ —— 97
DOM RODRIGO ドン・ロドリゴ —— 98
LAMPREIA DE OVOS ランプレイア・デ・オヴォシュ —— 100
FOGAÇA フォガッサ —— 102
FOLAR フォラール —— 104

G

GUARDANAPO グアルダナッポ —— 108

J

JESUÍTAS ジュズイッタシュ —— 110

L

LEITE CREME レイテ・クレーム —— 112
LEITE SERAFIM レイテ・セラフィン —— 114
LÉRIAS レリアシュ —— 116

M

MAÇÃ ASSADA マサーン・アサーダ —— 118
MALASSADAS マラサーダシュ —— 120
MANJAR BRANCO マンジャール・ブランコ —— 122
MARMELADA マルメラーダ —— 124
MASSA SOVADA マッサ・ソヴァーダ —— 126
MOLOTOF モロトフ —— 128
MORGADINHOS DE AMÊNDOA モルガディーニョシュ・デ・アーメンドア —— 130
MOUSSE ムース —— 132

O

OVOS PARDOS オヴォシュ・パルドシュ ——— 134

P

PALMIER パルミエール ——— 136
PÃO DE DEUS パォン・デ・デウス ——— 138
PÃO DE LÓ MINHOTO パォンデロー・ミニョット ——— 140
PÃO DE LÓ DE OVAR パォンデロー・デ・オヴァール ——— 142
PÃO DE LÓ DE ALFEIZERÃO パォンデロー・デ・アルフェイゼラオン ——— 144
PÃO DE LÓ DE AMÊNDOA パォンデロー・デ・アーメンドア ——— 146
CAVACAS DE RESENDE カヴァカシュ・デ・レゼンデ ——— 147
CAVACAS カヴァカシュ ——— 148
CASTELLA カステラ ——— 150
PAPAS DE MILHO パパシュ・デ・ミーリョ ——— 152
PAPOS DE ANJO パポシュ・デ・アンジョ ——— 154
PASTÉIS DE BACALHAU パステイシュ・デ・バカリャウ ——— 156
PASTÉIS DE COCO パステイシュ・デ・ココ ——— 158
PASTÉIS DE FEIJÃO パステイシュ・デ・フェイジャオン ——— 160
PASTÉIS DE TENTÚGAL パステイシュ・デ・テントゥガル ——— 162
PASTEL DE NATA パステル・デ・ナタ ——— 164
BOM BOCADO ボン・ボカード ——— 167
PÊRAS BÊBADAS ペーラシュ・ベーバダシュ ——— 168
PINHOADA ピニョアーダ ——— 170
PUDIM DE LEITE プディン・デ・レイテ ——— 172
PUDIM DO ABADE DE PRISCOS プディン・ド・アバーデ・デ・プリシュコシュ ——— 174
PUDIM BE BATATA プディン・デ・バタータ ——— 176

7

Q

QUEIJADA ケイジャーダ —— 178
QUEIJINHOS DE AMÊNDOA ケイジーニョシュ・デ・アーメンドア —— 180

R

RAIVAS ライヴァシュ —— 182
REBUÇADOS DE OVOS レブサードシュ・デ・オヴォシュ —— 184

S

S(ESSES) エス —— 188
SALADA DE FRUTA サラダ・デ・フルータ —— 190
SALAME DE CHOCOLATE サラミ・デ・ショコラーテ —— 192
SERICAIA セリカイア —— 194
SERRADURA セラドゥーラ —— 196
SONHOS ソーニョシュ —— 198
SOPA DOURADA ソーパ・ドゥラーダ —— 200
SORTIDO HÚNGARO ソルティード・ウンガロ —— 202

T

TALASSAS タラッサシュ —— 204
TIGELADA ティジェラーダ —— 206
TORTA トルタ —— 208
TOUCINHO DO CÉU トッシーニョ・ド・セウ —— 210
TRAVESSEIROS トラヴェセイロシュ —— 212

基本の生地 4 種 —— 214
マッサ・テンラ
マッサ・フォリャーダ
マッサ・デ・パオン
パータ・シュー

基本のクリーム 1 種 —— 216
ドース・デ・オヴォシュ

ポルトガル語対照表 —— 217
菓子作りの前に —— 217

道具について —— 218
材料について —— 220

ポルトガル菓子ストーリー 1	ポルトガルのエリアの特徴 —— 224
ポルトガル菓子ストーリー 2	修道院をルーツとした菓子が多いわけ —— 226
ポルトガル菓子ストーリー 3	ポルトガル菓子に不可欠な卵について —— 228
ポルトガル菓子ストーリー 4	カフェは飲食とともに人々の集いの場 —— 230
ポルトガル菓子ストーリー 5	日本の菓子文化に大きな影響を与えたポルトガル菓子 —— 232

✠ COLUNA 1　キリスト教のお祝いに欠かせないポルトガルの菓子 —— 66
✠ COLUNA 2　受け継がれる道具がポルトガルの菓子作りを支える —— 106
✠ COLUNA 3　地域色豊かなパォンデロー —— 149
✠ COLUNA 4　ポルトガルに色濃く残る手仕事の温もり —— 186

はじめに *Introdução* —— 2

索引 *Índice* —— 234
参考文献 *Bibliografia* —— 238

アルコモニィアシュ
ALCOMONIAS
別名:アルカモニア/Alcamonia

味も食感も形も、ポルトガルでは珍しい精進菓子

- カテゴリー:砂糖菓子 ●シチュエーション:祝い菓子、ティータイム ●エリア:アレンジージョ地方サンティアゴ・ド・カセン
- 構成:小麦粉+砂糖+水+松の実

薄く菱形をした形状が、ぱっと見たところ菱餅を思わせる。日本の桃の節句とは異なるものの、この菓子も年に一度、12月初旬の2日間だけ登場する伝統菓子だ。場所は、アレンジージョ地方の街、サンティアゴ・ド・カセン。サンタ・アンドレの市で売られ、やって来る多くの人の目的は、1年にたった一度の購入できる機会を求めてのことだ。

薄い茶色い色からは、黒糖菓子を思わせるが、黒砂糖は使われていない。この色は小麦粉を薪の窯でトーストして使っているから。これに三温糖と松の実を加えて作られる。口に入れるとホロリとほどけ、粘りはない。京都の生八ツ橋を思わせる味と食感がある。松の実の口当たりと風味がよい。見た目も食感も、ポルトガル菓子のなかで異彩を放ち、ユニークな存在だ。

シンプルな材料で比較的簡単に作れるにも関わらず、今やこの菓子を作る人はわずか。特定の地域で年に一度しか登場しないこの菓子は、もはやポルトガルでもなかなかお目にかかれない。しかし、稀少なものだからこそ、こうやって記録に残しておく意義があるのだ。

アルコモニィアシュはアルカモニアとも呼ばれ、Alcamoniaと綴る。AlcomoniasにしろAlcamoniaにしろ、Alから始まり、これはアラビア語の冠詞。ただし、名前の由来についてはわかっていない。とはいえ、ポルトガルの文化は歴史的にアラビアの影響があることは明白だ。この菓子もそうなのではないかと思われる。

ちなみにアルカモニアは、粉、キビ蜜、ショウガ、クミンで作る菓子の総称でもある。こちらはアラビア語が語源であることがわかっており、クミンの色をしていることからこの名前がつけられたようだ。

アルコモニィアシュ (12枚分)

材料
中力粉(ローストしてふるっておく)
…… 100g
三温糖 …… 100g
水 …… 50㎖
松の実 …… 20g

作り方
1 鍋に三温糖と水を入れ、火にかける。沸騰したら松の実を入れて、火から下ろす。
2 1に中力粉を少しずつ加えて、こねる。
3 作業台に中力粉(分量外)をたっぷりふり、2を麺棒で厚さ5㎜にのばす。
4 対角線が8×3.5㎝の菱形にカットする。
5 布を敷き中力粉(分量外)をふった作業台で4を6枚1組で重ね、布などで覆い、1日休ませる。
6 紙で2組ずつくるむ。

アレトゥリーア
ALETRIA

極細のパスタを使ったユニークな一品

●カテゴリー:卵菓子 ●シチュエーション:デザート、祝い菓子 ●エリア:北部 ●構成:パスタ+バター+砂糖+卵+牛乳

菓子の名前にもなっている"アレトゥリーア"とは、イタリアではカッペリーニと呼ばれる直径0.8〜1.1mmの、素麺のような細いパスタのこと。その細いパスタを使ってカスタード煮にした菓子がこれで、パスタと同じ名称をもつ。パスタと米の違いはあるものの、同じカスタードで煮る、という意味では、お米のカスタード煮である、アローシュ・ドース(→P24)の仲間といえるだろう。

アレトゥリーアはポルトガル北部のクリスマスのデザートで、各地方によって違いが見られる。たとえば、ベイラ地方では、パスタを切り分けて食べるかたち。ミーニョ地方のアレトゥリーアは、やわらかくクリーミーだ。

基本となるレシピはシンプルで、牛乳でパスタを煮て、グラニュー糖とバターを加え、最後に卵黄でとろみをつけるというもの。香りづけにはレモンかオレンジの皮を使用する。微妙な火加減でエリアによって違いが見られるのはおもしろい。分量においての自由度が高いので、個人の嗜好も反映しやすい。牛乳に対するパスタの量も卵黄を入れるも入れないも、好みで作ることができる。

仕上げに欠かせないのはシナモン。アローシュ・ドース(→P24)同様、表面に模様を描くのがポルトガルらしいといえる。

起源をたどると8〜9世紀にムーア人によりイベリア半島に、細いパスタのアレトゥリーアが伝えられ、もともとはアーモンドミルクで煮たパスタにハチミツをかけただけのものだった。それが牛乳や卵を使うようになり、アレトゥリーアはポルトガル菓子として変化したのだ。

アレトゥリーア(直径18cmの丸皿1枚分)

材料
カッペリーニ(細い乾麺) …… 35g
牛乳 …… 150mℓ
グラニュー糖 …… 50g
バター …… 15g
卵黄 …… 1個分
レモンの皮 …… 1/2個分
シナモン …… 適量(好みの量)

作り方
1 カッペリーニを沸騰した湯で5分ゆでる。
2 鍋に牛乳、グラニュー糖、レモンの皮を薄くむいたものと入れて中火にかけ、沸騰したらレモンの皮をとりのぞき、1を加える。
3 バターを入れ、火からおろす。
4 卵黄をときほぐし、3に混ぜる。弱火にかけ、卵黄に火を通す。
5 4を皿に移し、シナモンをふる。

アルフェニン
ALFENIM

アソーレシュ諸島伝統の真っ白い飴菓子

●カテゴリー：飴菓子 ●シチュエーション：祈り菓子、祝い菓子 ●エリア：アソーレス諸島テルセイラ島 ●構成：砂糖＋水＋酢

アルフェニンはアラブからムーア人により、マデイラ島およびアソーレシュ諸島に伝えられた。その後、当時サトウキビ栽培が盛んであったテルセイラ島で作られるようになった飴菓子である。15世紀の航海者であり探検家のヴァスコ・ダ・ガマがマデイラ島で作られたアルフェニンを、インドの王様に献上したという記録が残されているそうだ。

アルフェニンはポルトガルにとどまらず、カナリア諸島からブラジルにまで伝わっている。そのモチーフは鳩や動物、花などであった。毎年1月15日のサント・アマロ祭（病気の治癒、家畜の守護を祈る祭り）と初夏に行われるエスピリット・サント祭（無病息災、自然災害が起こらないように祈る精霊祭）には、アルフェニンで作った動物や鳩、手や足などの体のパーツを奉納し、家畜が病気にかからないよう、島民の病気やけがが治るよう、地震や台風などの大きな自然災害が起こらないように祈る。

祭りに奉納され神の恵みを受けたアルフェニンは、祭りの最後に競売にかけられる。競売で得たお金は翌年の祭りの運営費となる。また、洗礼式や結婚式には花や鳩を形どったアルフェニンをプレゼントとすることもある。最近では観光旅行者のみやげとして地元の菓子店で販売もされている。湿気さえ帯びなければ4〜5年はゆうにもつ。

"Alfenim"はアラビア語で"あれは白い"という意味。簡単に色をつける技術がある現在においても"白色"でないとアルフェニンとしての体をなさない。今もアルフェニンは真っ白なのはそのためである。

同じように砂糖を煮詰めて作る菓子は日本にもあり、それは有平糖である。ご存知の方もいるかと思うが、有平糖は16世紀頃ポルトガルから伝わった南蛮菓子のひとつである。そのルーツは諸説あるが、アルフェニンが日本に伝わって有平糖になったという説もある。ただし、日本のそれは着色されたものもあり、形もさまざま。精巧な飴細工に変身することもある。

アルフェニン（作りやすい分量）

材料
グラニュー糖 …… 500g
水 …… 200㎖
ワインビネガー …… 8㎖

作り方
1　鍋に水、グラニュー糖、ワインビネガーを入れてよく混ぜ、110℃に熱する。
2　大きなボウルに水を入れる。そこにバター（分量外）を塗ったボウルをおき、1を入れて冷ます。
3　冷めてくるとボウルから生地がはがれてくるので、端をナイフかスパチュラで中央に畳み込むようにする。その動作を繰り返しているうちに生地が冷めて、手で持てるようになる。両手で引っ張っては畳む作業を繰り返す。
4　白色の飴生地になったら、人形や花や動物やリングなどに成形する。
※ボウルはプラスチック製ではなく、ステンレスやアルミ製を使用する。

アーメンドアシュ・デ・ソブレメーザ

AMÊNDOAS DE SOBREMESA

別名：エンショヴァリャーダシュ/Enxovalhadas

大粒のアーモンドに砂糖を結晶化させてまとわせる

●カテゴリー：砂糖菓子 ●シチュエーション：祝い菓子 ●エリア：ポルトガル北部 ●構成：アーモンド＋砂糖＋水

アルガルベ地方とトラシュ・オシュ・モンテシュ地方はポルトガル有数のアーモンドの産地。この地で栽培されているのは、アーメンドア・ドウロと呼ばれる大粒のスイートアーモンドだ。その粒は厚み6.3〜9mm、幅10〜15.5mm、長さ19.5〜29.5mmと堂々たるものである。

そんな地元のアーモンドに砂糖をからませたのが、アーメンドアシュ・デ・ソブレメーザだ。ポルトガルのイースターには、コンフェイトシュ（→P72）やアーモンドやチョコレートをプレゼントする習慣があり、アーメンドアシュ・デ・ソブレメーザもそんな菓子のひとつ。

現在では店で売っているものを買って渡すのが主流となった。アーメンドアシュ・デ・ソブレメーザは日持ちがするので、イースターの1カ月前から準備できるので自分でも作れそうに思えるが、労力は相当なもの。

大きく重い銅鍋を揺さぶりながら砂糖をアーモンドにからませていく作業は時間も力も要する。最初はからみつかなかった砂糖が結晶化していくプロセスを見ながら、いい按配を手がける作業は、経験による勘も必要だ。

イースターはヨーロッパに暮らす人々にとって春の訪れを感じさせる日でもある。これに呼応するかのように、3月から4月にかけて桜の花だよりならぬ、アーモンドの花だよりがニュースになる。確かに、白い花は桜の花にそっくりだが、儚さではなく大地の力強さを体現したような印象だ。アルガルベ地方のアーモンドの開花はやや事情が異なり、1〜2月と早い。

アーメンドアシュ・デ・ソブレメーザ（作りやすい分量）

材料
皮つきアーモンド …… 150g
グラニュー糖 …… 210g
水 …… 100ml
シナモン …… ひとつまみ
サラダ油 …… 適量

作り方
1 皮つきアーモンドは布巾に包んで汚れを落とす。
2 鍋に1の皮つきアーモンド、グラニュー糖、水、シナモンを入れ、15分おく。
3 強火にかけ、沸騰してきたら弱火にする。ときどき鍋をゆする。
4 3が141℃になり白く結晶化してきたら火を強め、木べらでアーモンドがくっつかないように混ぜる。火を弱め、アーモンド全体に結晶化した砂糖がからみついてイボイボ状になったら、火からおろす。
5 サラダ油を塗った作業台に、アーモンドを一粒ずつ広げて冷ます。

アレイアシュ
AREIAS

ほろほろとした食感が砂を連想させる

●カテゴリー：ビスケット ●シチュエーション：ティータイム ●構成：小麦粉＋砂糖＋油脂

首都リスボンから海岸沿いを西に走る電車に揺られて35分、大西洋に突き出すコスタ・デ・ソル（太陽海岸）の西端に位置するカスカイスに到着する。ここは古くは漁師町であり、19世紀に王族の避暑地となったエリア。現在は高級住宅地であり、リゾート地として知られる。

"砂"を意味するビスケット、アレイアシュは、この地で、漁に出る男たちのおやつとして作られ始められたという。それは19世紀末のこと。1933年に出版された、作家マヌエル・フェレイラ著の料理本『A Cozinha Ideal』にもそのレシピは掲載された。

アレイアシュはその名のとおり、確かに砂を思わせる食感をもつビスケットだ。口に入れると、ザラザラとした舌ざわりがあり、ホロホロと崩れていく。

表面にまぶしたグラニュー糖も、砂を感じさせる食感に一役買っている。

カスカイス生まれのこのビスケットは、今やポルトガル全土で人気のある菓子。プレーンだけでなく、シナモンを生地に混ぜ込んだり、レモンの皮のすりおろしを加えたりしたものもある。本書の写真も手前はプレーン、奥はシナモンを加えマーブル模様にしたものだ。表面にアーモンドをのせたアレイアシュ、近年では粉チーズを混ぜた"甘くない"タイプも見られる。

フレイヴァーや味だけでなく、焼く前の生地にフォークで模様を描いたものもある。さまざまなバリエーションが見られるアレイアシュだが、形状だけは共通。真ん丸であることがポイントだ。

アレイアシュ（20個分）

材料
中力粉 …… 160g
グラニュー糖 …… 50g＋適量
ラード …… 100g
レモンの皮すりおろし …… 1/2個分
シナモン …… 適量

作り方
1 中力粉とグラニュー糖50gを合わせてふるい、山状に盛る。
2 1の真ん中にくぼみを作り、ラードとレモンの皮のすりおろしを入れ、指先で混ぜ合わせる。
3 生地がまとまったら15gに分割し、クルミ大くらいの大きさに丸める。
4 半分はグラニュー糖を、もう半分の生地にはシナモンとグラニュー糖をまぶして天板に並べ、160℃のオーブンで30分焼く。

アルゴラシュ
ARGOLAS

別名：ボーロシュ・デ・マッサ・デ・マンテイガ／Bolos de Massa de Manteiga

さまざまな形に応用できるビスケットの基本

●カテゴリー：ビスケット　●シチュエーション：ティータイム　●構成：小麦粉＋バター＋砂糖＋卵

ポルトガルのビスケットの基本である。アルゴラシュとは"輪っか"の意味で、その形状をしており、同じ生地を使ってリボン状のものは"Laços（ラッソシュ）"、球状のものは"Broinhas（ブロイーニャシュ）"、よじれのあるものは"Torcidos（トルシードシュ）"、トカゲ形は"Lagartos（ラガルトシュ）"とそれぞれ見た目で呼ばれる。

身近な材料を使い、バターをとかしてほかの材料と混ぜ合わせるだけのシンプルさ。それゆえにアレンジがしやすく、さまざまなバリエーションがある。

子どものおやつやお茶うけで登場する機会が多いが、レーズンやドレンチェリー、アーモンド、クルミなどをのせたりすると見た目もきれいで、プレゼントにも重宝する。

ポルトガル菓子は修道院をルーツとしたものが多いが、このビスケットは大衆から生まれた菓子。ポルトガルには定期的に立つ大きな青空市が各地にあり、大きな市ではビスケット屋台は必ず出店する。そこで欠かせないのがアルゴラシュや同じ生地で作るビスケットだ。全国の青空市の屋台で見られるが、特にリバテージョ地方でよく売られる。

屋台では籐かごやプラスチックの箱にビスケットが種類ごとに並べられ、1kg単位で売られる。少量でも買うことも可能だ。屋台の前で迷っているとビニール袋を渡されることもあるし、屋台の人が袋に入れてくれる場合もある。

アルゴラシュは、同じ生地でさまざまな形のビスケットが作れる。きれいに箱に詰めれば、ちょっとした贈り物にもなる

アルゴラシュ（40個分）

材料
強力粉 …… 200g
ベーキングパウダー …… 1g
グラニュー糖 …… 200g
卵 …… 1個
レモンの皮のすりおろし …… 1/2個分
とかしバター …… 100g

作り方
1. グラニュー糖、卵、レモンの皮のすりおろしを混ぜ合わせ、とかしバターを加える。
2. 強力粉とベーキングパウダーを合わせてふるい、1に混ぜ合わせる。
3. 星形の口金をつけた絞り袋に入れ、リング状に絞り出す。
4. 180℃のオーブンで20分焼く。
   ※表面にチェリーやクルミをのせてもよい。

アレピアードシュ

ARREPIADOS

別名：アレピアーダシュ/Arrepiadas、カリソシュ/Carriços、
カラスキーニャシュ・デ・アルガルヴェ/Carrasquinhas de Algarve

修道女の負けん気が生み出したアーモンド菓子

●カテゴリー：メレンゲ菓子 ●シチュエーション：ティータイム ●エリア：リスボンとその近郊・アルガルヴェ地方
●構成：アーモンド＋砂糖＋卵白

"アレピアード"とは"鳥肌"とか"身震いするような"の意。その名のとおり、アーモンドを皮つきでたっぷり使い、表面がざらついているのが最大の特徴である。

ポルトガルの南部アレンテージョ地方ではアーモンドは1月から2月にかけて白や薄ピンク色の花が咲き、夏に殻に入った実がなる。夏の終わりに収穫し、実の水分が6％以下になるまで乾燥させたら食べ頃だ。

そんなアーモンドを使ったアレピアードシュは、1289年に建てられたアルモステール修道院の修道女ベルナルダによって作られたといわれる。修道女ベルナルダは当時のライバルであったサンタ・クララ修道院で作られている菓子に負けまいと「高貴なご来客が驚いて鳥肌が立つほどの、甘くておいしい菓子を作ってみせる」と宣言。そう

して生まれたのが、このアーモンドのメレンゲ菓子だ。名前もそこから来ている。

修道女が暮らす修道院（1834年5月28日の勅令によりすべての修道院が廃止）はほとんど残っていないが、修道女の負けん気は今も菓子の中に息づいている。現代の感覚ではやぼったい見た目ではあるが、アーモンドの旨味を教えてくれる菓子で、アルガルヴェ地方でよく作られている。

小さなものなら、1個そのままポイっと口にほおりこめる。口に入れると、メレンゲがさっとほどけて、ザクっとしたアーモンドが存在感を現す。

アーモンドが菓子の味わいを左右する。アルガルヴェ地方のアーモンドはビタータイプなのでまろやかな脂質のなかにコクがあり、クセになるおいしさだ。

アレピアードシュ（20個分）

材料
皮つきアーモンド …… 125g
グラニュー糖 …… 125g
卵白 …… 1個分
レモンの皮のすりおろし …… 1/2個分
シナモン …… …少量

作り方
1 卵白を軽くほぐし、グラニュー糖を少しずつ加え、ピンと角が立つまで泡立てる。
2 粗く刻んだ皮つきアーモンド、レモンの皮のすりおろし、シナモンを加えて混ぜ合わせる。
3 天板に2を大さじ1ほど、直径2cmに落とす。
4 130℃のオーブンで40分焼く。
※皮なしのアーモンドをのせて焼いてもよい。

アローシュ・ドース
ARROZ DOCE

米を牛乳で煮て作る、デザートの代表格

●カテゴリー：デザート ●シチュエーション：デザート、祝い菓子 ●構成：米＋牛乳／カスタード

　直訳すると"甘い米"。米を甘く煮たデザートはヨーロッパ各地で見られる。ポルトガルの特徴は牛乳煮であり、卵黄が入ったカスタードであることも少なくない。アローシュ・ドースは家庭で作られるだけでなく、レストランのデザートメニューでもおなじみだ。

　かつて、コインブラあたりでは、アローシュ・ドースは結婚にゆかりのある菓子でもあった。近々結婚する女性が、婚約者を紹介するために母親と一緒にアローシュ・ドースを大皿に入れて、親戚や近所の人を訪ねたという。これは「結婚式においでください」の意味があり、8日後、空になった皿を回収しに各家々を回り、その際に結婚のお祝いのプレゼントを受け取った。今ではその習慣はなくなったが、それでも結婚披露宴ではアローシュ・ドースはふるまわれ、祝い菓子としての伝統は受け継がれている。

　ポルトガルにおける米の歴史は古い。アレキサンダー大王のインド遠征により、ギリシャへと米作りが伝播され、7世紀に入って稲作が行われるようになった。アラブにおいても米作りは大きな広がりを見せ、シリアからエジプト、北アフリカ、イベリア半島へも伝わる。セビリアを経由してポルトガルにもたらされたのは8世紀のことだ。

　ポルトガルが米作りを伝える役割を担うようになったのは、大航海時代。17世紀には北アメリカ、ブラジル、オーストラリアやその周辺の島々へと伝えられる。

　このようにポルトガルと米との関わりは長いが、本格的に生産されるようになったのは100年ほど前と、意外にも近年のこと。現在、コインブラ以南の川の周辺を中心に稲作が行われている。米の種類はロングライス。アグーリャと呼ばれる細長いもの、カロリーナというやや丸いものの2種が生産される。

　ポルトガルを訪ねたり、ポルトガル料理を食べたりしたことのある人はご存知かと思うが、料理でもポルトガルでは米をよく食べる。そのため、自国での栽培では間に合わず、7割ほどを輸入に頼っている。

アローシュ・ドース（直径7.5cmの器6個分）

材料
米 …… 45g
バター …… 大さじ1
グラニュー糖 …… 50g
塩 …… 少量
牛乳 …… 150mℓ
卵黄 …… 1個分
水 …… 250mℓ
レモンの皮 …… 1/2個分
シナモン …… 適量

作り方
1 鍋に水とレモンの皮を入れ、煮立たせる。沸騰したらレモンの皮をとり除く。
2 洗った米、バター、塩を加えてふたをし、弱火で煮る。
3 水分がほぼ蒸発したら牛乳とグラニュー糖を加え、くつくつと煮る。底が焦げつかないように混ぜながら、とろりとするまで絶えずかき混ぜる。
4 火からおろし、卵黄を少量の牛乳（分量外）でといたものを加え、混ぜ合わせる。
5 熱いうちに器に盛り、粗熱がとれたらシナモンをふる。

ベーバドシュ

BÊBADOS

別名：ベーバダシュ/Bêbadas

ワインを加えて作るザクザク食感のビスケット

●カテゴリー：ビスケット　●シチュエーション：ティータイム　●エリア：アレンテージョ地方
●構成：小麦粉＋砂糖＋オリーブオイル＋ラード＋ワイン

　ベーバドシュとは"酔っぱらい"のこと。ビスケット生地にワインが入っていることが名前の由来である。アレンテージョ地方の郷土菓子といえる菓子で、菓子屋だけでなく、家庭でも焼かれる。

　アレンテージョ地方はポルトガル南部の内陸部に広がる穏やかな丘陵地帯で強く耐用性のあるコルクとオリーブの一大産地だ。また8月から9月にかけてほとんど雨が降らない。そのために重厚かつまろやかな風味をもつワインが生産される。さらに収穫年によるワインの品質の差が少なく、毎年おいしいワインが飲める地域でもある。つまりこの地方に暮らす人々にとってワインはいつもそこにある身近な存在で、飲むだけではなく、料理や菓子にも活用される。

　アレンテージョ地方の南部はポルトガルの穀倉地帯でもあり、小麦の栽培が盛んで製粉所も点在するエリアだ。少し古くなり湿った小麦をおいしく食べる利用法として、ベーバドシュは生み出された。ローストした小麦粉、良質のラード、絞り立てのオリーブオイル、フルーティな香りのワインなど身近にある材料を練り合わせ、小さなリング状にして焼く。ワインのアルコール分は焼いている間に飛ぶので小さな子どもにも食べさせられる。

　風味や香りのよいビスケットで、口に入れたときはもちろん、オーブンから出したことの香ばしい香りは格別。食感はザクザクとして、コーヒーにも紅茶にも合う。もちろんハーブティーに合わせてもよい。

ポルトガル有数のワインの銘醸地として知られる、アレンテージョ地方のブドウ畑

ベーバドシュ（55個分）

材料
中力粉（ローストしたもの）…… 500g
グラニュー糖 …… 150g
ラード …… 65g
オリーブオイル …… 100g
バター …… 65g
シナモン …… 2g
白ワイン（または赤ワイン）…… 100mℓ
グラニュー糖 …… 適量

作り方
1　白ワイン以外の材料をすべて混ぜ合わせ、白ワインを少しずつ加えて練る。
2　18〜20gに分割し、12〜15cmの長さのひも状にして、リングに成形する。冷蔵庫で15分休ませる。
3　170℃のオーブンで30分、カリッと焼く。グラニュー糖をまぶす。

ビスコイット・デ・アゼイテ

BISCOITO DE AZEITE

オリーブの香りをまとう、日常的なビスケット

●カテゴリー：ビスケット ●シチュエーション：スナック ●エリア：オリーブの産地（北アレンテージョ地方・モウラを中心としたアレンテージョ地方・リバテージョ地方・ベイラアルタ地方東部・ベイラバイシャ地方東部・トラス・オス・モンテス地方）
●構成：小麦粉＋オリーブオイル＋砂糖＋卵

イタリアやスペインの例に漏れず、同じく南欧にあるポルトガルの食卓に欠かせない食品といえばオリーブオイル。料理だけでなく菓子の材料として使われることも少なくない。ビスコイット・デ・アゼイテもオリーブオイルを使う菓子のひとつだ。

ポルトガルには大きく分けて6つのオリーブの産地がある。北部のスペインと隣り合わせのトラス・オス・モンテス地方、ベイラアルタ地方、ベイラバイシャ地方の東側、およびリバテージョ地方、ポルトレグレを中心とする北アレンテージョ地方、モウラを中心とする東部アレンテージョ地方である。オリーブオイルを使ったビスケットであるビスコイット・デ・アゼイテは、オリーブオイルの抽出所で作られたのがその始まりである。

オリーブオイルを精製する際に残ったものを活用し、同時に、働く者の小腹を満たすため、オリーブの収穫を手伝う子どもたちのために作られるようになったのがビスコイット・デ・アゼイテだ。

気取ったタイプではなく、ごく日常的につまむための菓子で、作るときは一度にたくさん焼いて缶に入れておく。老若男女問わずそこにあれば食べる、といった感覚の食べ物なので、日持ちするビスケットは重宝される。ましてや身近な材料で簡単に作れるものならなおさらだ。

ビスコイット・デ・アゼイテが入っている缶を開けるとオリーブの香りがする。この匂いに冬のオリーブの実の収穫期を思い出す人も多いだろう。食べるともそっとする食感があり、こういう素朴さは初めて食べても懐かしさを感じさせる。

ビスコイット・デ・アゼイテ (40個分)

材料
中力粉 …… 165g
ベーキングパウダー …… 2g
グラニュー糖 …… 65g＋適量
オリーブオイル …… 30㎖
卵 …… 1個
牛乳 …… 50㎖
とき卵 …… 1/2個分

作り方
1 卵、グラニュー糖65gを混ぜ合わせる。オリーブオイル、牛乳を加える。
2 中力粉とベーキングパウダーと合わせてふるい、1に入れ、よく混ぜる。
3 直径15㎜の丸口金をつけた絞り袋に入れ、小さな丸を天板に絞り出す。
4 とき卵を塗り、グラニュー糖をふりかけ、180℃のオーブンで20分焼く。

ビスコイット・デ・ミーリョ
BISCOITO DE MILHO

ベイラバイシャ地方伝統のトウモロコシのビスケット

●カテゴリー：ビスケット ●シチュエーション：ティータイム、スナック ●エリア：ベイラ地方
●構成：トウモロコシ粉＋小麦粉＋バター＋砂糖＋卵

ポルトガル内陸部のベイラバイシャ地方に伝わるビスケット。小麦粉を使わず、トウモロコシの粉を使うのが最大の特徴である。トウモロコシの粉は大きく、コーングリッツ、コーンミール、コーンフラワーがある。コーングリッツはトウモロコシを粗く挽いたもので、香ばしくザクザクした食感を楽しめる。コーンミールは、コーングリッツとコーンフラワーの中間。やや粗めの質感があり、お粥に似た料理に使われる。コーンフラワーは小麦粉のように細く挽いた粉のこと。粘りも出るので、小麦粉の代替としても使われる。ビスコイット・デ・ミーリョで使われるのは、コーンフラワーである。

ビスコイット・デ・ミーリョは焼き色をつけないのでうっすらと黄色い。口にするとトウモロコシの風味が感じられ、噛むとほろほろと崩れる。やさしい味のビスケットで、繊維質たっぷりで腸にもやさしい。毎日のおやつやお茶うけとしてコーヒーや紅茶と一緒に食べる。

トウモロコシも日本にとって、ポルトガルとのつながりが深い食物である。というのも、日本にトウモロコシをもたらしたのは、ポルトガル人だからだ。天正7年（1579年）に伝えられ、それ以前に中国から入っていた「モロコシ」という植物によく似ていたことが名前の由来。当時"舶来"という意味で使われていた"唐"の文字を冠して"唐のモロコシ"となり、"トウモロコシ"と呼ばれるようになった。今でも近畿地方ではトウモロコシのことを"ナンバ（南蛮の意味）"と呼ぶのはそのためである。

ビスコイット・デ・ミーリョ（30個分）

材料
コーンフラワー …… 250g
バター …… 125g
グラニュー糖 …… 150g
卵 …… 1個
卵黄 …… 1個分
レモンの皮のすりおろし …… 1個分

作り方
1 室温でやわらかくしたバターとグラニュー糖を白っぽくなるまですり合わせる。
2 1に卵と卵黄を加えてよく混ぜ、コーンフラワー、レモンの皮のすりおろしを加え混ぜる。
3 星形の口金をつけた絞り袋に入れ、天板に直径3cmの円状に絞り出す。
4 170℃のオーブンで20分焼く。
※コーンフラワーの半量をコーングリッツにしてもよい。

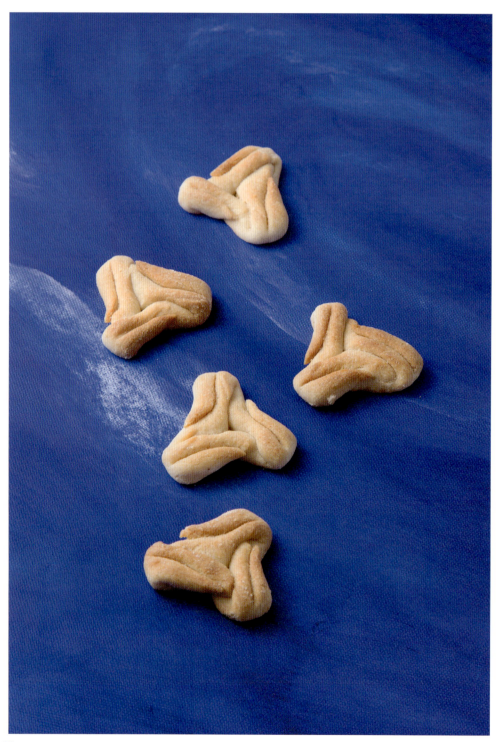

ビスコイット・デ・オレーリャ

BISCOITO DE ORELHA

サンタ・マリア島名物の耳の形のビスケット

●カテゴリー：ビスケット ●シチュエーション：ティータイム、祝い菓子 ●エリア：サンタ・マリア島
●構成：小麦粉＋バター＋砂糖＋卵＋イースト

アソーレス諸島はヨーロッパ最西端のポルトガル本土から西の大西洋に浮かぶ9つの島からなる島群。そのうちのひとつ、東に位置するサンタ・マリア島は、15世紀に航海者であり探検家のディオゴ・シゥヴェシュにより発見された、面積97㎡の島だ。この小さな島には昔から作られている、耳の形をしたビスケットがある。由来は以下のように考えられでる。

ポルトガル東部アレンテージョ地方の小さな村に暮らしていた人々が、王の命によりポルトガル内陸部の人々がサンタ・マリア島に入植させられた。村人はいつかは故郷に帰ることを夢に見ながら暮らしていた。海を見たこともない彼らは泳ぐこともままならない。人によっては海を泳いで渡ろうとしたものの徒労に終わり、中耳炎などの病気にかかる人もいたのであろう。

ビスコイット・デ・オレーリャは、入植者によって作られたとされる。耳の病気の祈願、治癒した際のお礼として、この耳の形をしたビスケットが作られたのではないかと推察される。

何百年も作り続けられるビスコイット・デ・オレーリャは、島民のいろんな生活に密着した菓子だ。結婚式や祭りなどでは必ず登場する。同時に、サンタ・マリア島名物として、島を訪れる観光客がみやげに購入していく銘菓でもある。

特徴である耳の形にビスケット生地を成形するのは大変なように思えるが、ちょっとしたコツをつかめば、そうむずかしくない。生地をひも状にのばして2回ねじり、3回目はひねりながら返す。ハサミで切れ目を入れると、見事に耳の形になる。

ビスコイット・デ・オレーリャは二度焼きしているので、少しかたく、噛むとポリッと音がする。その佇まいは、牛乳に浸して食べることもある、控えめな甘さのハードビスケットに似ている。突出したところがない分、飽きのこない味わいがある。

ビスコイット・デ・オレーリャ (42個分)

材料
強力粉 …… 300g
グラニュー糖 …… 100g
卵 …… 1個
バター …… 75g
生イースト …… 1g
ぬるま湯 …… 30㎖

作り方
1 生イーストをぬるま湯でとく。
2 1とほかの材料すべてをよく混ぜて練り、ラップに包んで30分休ませる。
3 42等分 (約13g) に分割する。
4 3をひも状にのばし、平たいきしめん状にする。人差し指に二重巻きにして、耳形に整える。ハサミで切れ目を3か所入れる。
5 150℃のオーブンで30分焼く。いったんオーブンの電源を切り、余熱で8分焼く。

ボーラ・デ・アゼイテ
BOLA DE AZEITE
別名：ボーロシュ・デ・パシュコア /Bolos de Páscoa

オリーブオイルをたっぷり使うイースターのパン

●カテゴリー：発酵菓子 ●シチュエーション：祝い菓子、ブランチ ●エリア：ベイラ地方
●構成：小麦粉＋オリーブオイル＋卵＋イースト＋塩＋蒸留酒

ボーラ・デ・アゼイテはベイラ地方のフォルノシュ・デ・アルゴドレシュ村で、イースターの時期に登場する、オリーブオイルと産みたての卵をたっぷり使う贅沢なパンだ。ベイラ地方はオリーブがたくさん採れるエリア。良質なオリーブオイルの生産地でもある。

作る場合、オリーブオイルが多く入るのでなかなかこねにくい。しかし、焼き上がったパンは、オリーブオイルがもたらす黄色い色と香りを放ち、格別の味わいがある。

無造作な表情もボーラ・デ・アゼイテの特徴で、これは成形するときにオリーブオイルを手につけて上に引っ張るように生地を合わせることで、生み出される。焼き上がると、凹凸により異なった焼き色が美しい見た目となるのだ。

ボーラ・デ・アゼイテには食べ方がある。まずは、切り落とした端に、クリーミーな羊のチーズ、ケイジョ・ダ・エストレラをつけて食べる。その後で、食べやすい大きさにカットする。

このケイジョ・ダ・エストレラはポルトガルチーズの最高峰に数えられる。値段が張るので普段使いではなく、特別な日のためのチーズだ。だからこそ、キリスト教圏にとって大事な日、イースターに食べられるのだろう。

イースターの際に食されるボーラ・デ・アゼイテだが、地元産のチーズとの相性がすばらしく、イースターでなくても食べたくなる。ちょっと贅沢をしたい日の食事のテーブルで前菜やデザートとして食べてもよいだろう。

ボーラ・デ・アゼイテ（1個分）

材料
中力粉 …… 500g
生イースト …… 20g
ぬるま湯 …… 50㎖
塩 …… 大さじ1/2
卵 …… 5個
オリーブオイル …… 125㎖
蒸留酒……大さじ1

作り方
1 ボウルにふるった中力粉を入れ、塩を加え、さっくりと混ぜ合わせる。
2 ぬるま湯でよくといた生イーストを加え、さっくりと混ぜ合わせる。
3 ときほぐした卵、オリーブオイル、蒸留酒を加え、ボールに生地がくっつかなくなるまでこねる。
4 暖かい場所で2〜3時間、毛布などで覆い、2倍の大きさになるまで発酵させる。
5 手にオリーブオイル（分量外）をつけて、生地を下から上に引っぱり、山状に成形する。
6 220℃のオーブンで30分焼く。

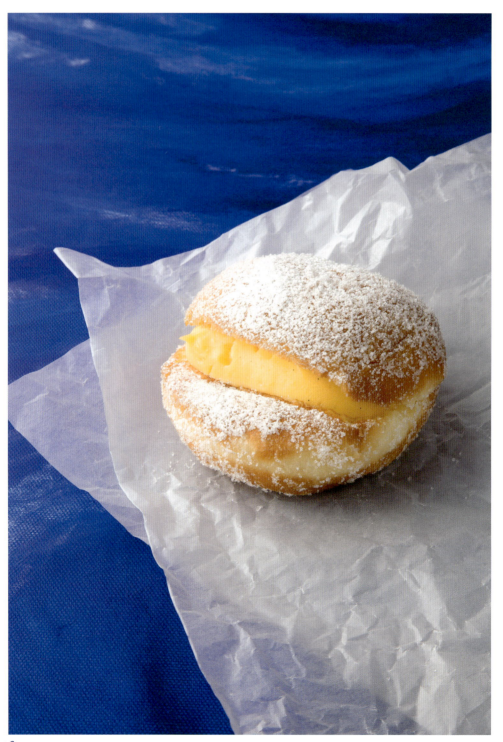

ボーラ・デ・ベルリン
BOLA DE BERLIM

ドーナッツにも卵黄クリームを入れるのがポルトガル風

●カテゴリー：揚げ菓子 ●シチュエーション：朝食、ブランチ、スナック ●構成：ブリオッシュ生地＋カスタードクリーム＋揚げ油

直訳すると"ベルリンのボール"。フィリングが入った甘い揚げ菓子であるこの菓子は、ベルリーナー・プファンクーヘンという名前のドイツ菓子がそのルーツで、ヨーロッパ各地をはじめ、南米各地でも食されるほどの人気を誇る。ベルリーナー・プファンクーヘンはドイツでは単にベルリーナーと呼ばれることがあるように、ポルトガルでボーラ・デ・ベルリンは、シンプルにボーラともいう。

ボーラ・デ・ベルリンがポルトガルで作り始められたのは、第二次世界大戦時。ドイツからポルトガルへ逃げてきたユダヤ系ドイツ人により、ポルトガルにもたらされたのがその始まりだ。

食べ物はその場所で、そこの人たちに親しみやすくアレンジされる。ボーラ・デ・ベルリンも同様。ベルリーナー・プファンクーヘンはフルーツのジャムを中に注入するが、ポルトガルのボーラ・デ・ベ

ルリンの場合は、卵黄クリームのドース・デ・オヴォシュ（→P216）か、カスタードクリームのクレーム・パステレイロ（→P216）である。

近頃では生クリームのみのフィリングのボーラ・デ・ベルリンも登場し、時代による嗜好の変化がうかがえる。またエリアによる違いもみられ、北部ではグラニュー糖ではなく粉糖をまぶす傾向にある。

意外に思われるかもしれないが、ボーラ・デ・ベルリンはポルトガルの夏のビーチでおなじみ。毎年お決まりのビーチへ行き、いつものボーラ・デ・ベルリン売りから買うのは、ポルトガル人の海辺での過ごし方ともいえよう。そのため、1年でもっともボーラ・デ・ベルリンの消費量が多いのは夏である。

ところが、ボーラ・デ・ベルリン売りは年々減少傾向にあるという。興味深い夏の風物詩のひとつではあるが、これも時代の流れなのかもしれない。

ボーラ・デ・ベルリン（10個分）

材料
ブリオッシュ生地（→P139）…… 450g
カスタードクリーム
　卵黄 …… 2個分
　グラニュー糖 …… 36g
　コーンスターチ …… 16g
　牛乳 …… 200㎖
　バター …… 10g
　ラム酒 …… 8㎖
　バニラエッセンス …… 数滴
揚げ油（サラダ油）…… 適量
グラニュー糖 …… 適量

作り方
1 ブリオッシュ生地を45gに分割して丸め、暖かい場所で1時間発酵させる。
2 カスタードクリームを作る。ボウルに卵黄、グラニュー糖、コーンスターチを入れ、泡立て器で混ぜる。牛乳20㎖を加える。
3 残りの180㎖の牛乳を鍋に入れ、火をかける。鍋のふちが沸騰したら2に混ぜ、鍋にこしながら戻す。
4 泡立て器で前後にかき混ぜながら炊く。ふつふつと沸騰し、クリーム状になったら火からおろし、バター、ラム酒、バニラエッセンスを加えて混ぜる。
5 ボウルに移し、カスタードクリームの表面にピタッとラップをして冷凍庫に40〜60分入れる。冷蔵庫へ移す。
6 1を170℃の揚げ油で揚げる。きつね色に揚がったらキッチンペーパーにおき、余分な油をきってそのまま冷ます。グラニュー糖をまぶす。
7 6を上部分2㎝の深さまで切れ目を入れ、カスタードクリームを絞り出す。
　※仕上げに粉糖をふってもよい。

ボラシャ・デ・セトゥーバル
BOLACHA DE SETÚBAL

アニスシードのプチプチが心地よい

●カテゴリー：ビスケット ●シチュエーション：ティータイム ●エリア：セトゥーバル ●構成：小麦粉＋油脂＋砂糖＋アニスシード

首都リスボンと南部アルガルヴェ地方にはさまれたコスタ・アズール（青い海岸）。この一帯の中心地がセトゥーバルである。リスボン、ポルト、コインブラに続く都市で、甘くて香り高いモシュカテルワインの産地としても有名だ。甲イカ漁や養殖カキなどの漁業が盛んなところでもあり、街の中心にあるリブラメント市場は毎日大変な賑わいである。その周辺には安くておいしい料理を提供してくれる飲食店が多く、週末になると近郊からたくさんの人が訪れる。

そんなグルメな街、セトゥーバルの銘菓がこのビスケットだ。おせんべいのようなパリパリした食感があり、アニスが甘く香る。アニスシードは生地に練り込んであり、その小さな種子はゴマを思わせる食感をもつ。独特の香味とほのかな甘さを感じさせるアニスは、世界でも古いスパイスのひとつ。一年草で温暖な気候であればどこでも栽培できる。セトゥーバル一帯の野原や道端にも無造作に生えている。

ボラシャ・デ・セトゥーバルは、かつては年に一度のサンティアゴ祭で売られていた。サンティアゴ祭は2週間続く夏祭りで、多くの露店が立つ。街の人々はたくさんの量のビスケットをこの時期に購入し、大きな缶に入れて保存して家族で大切に食べたそうだ。

現在も、1855年創業の「パステラリーア・ボラシャ ピアダーデ」では毎日ボラシャ・デ・セトゥーバルが焼かれている。一度に大量のビスケットを購入するお客は減ったが、なじみのビスケットを買い求める地元客は健在だ。また、セトゥーバルを代表する銘菓としても知られるようにもなり、かわいいレトロなデザインの箱も相まって、旅行者のみやげとしての需要が増えた。時代を経て、再び脚光を浴びているレトロなビスケットである。

ボラシャ・デ・セトゥーバル (64枚分)

材料
中力粉 …… 250g
バター …… 110g
グラニュー糖 …… 100g
アニスシード …… 3g
水 …… 50㎖

作り方
1 すべての材料をよく混ぜ合わせる。
2 厚さ2㎜にのばし、パイカッターで四角形など好きな形にカットする。
3 150℃のオーブンで20分焼く。

ボレイマ
BOLEIMA

ラードを練り込んで作る、修道院ゆかりの伝統菓子

●カテゴリー：発酵菓子 ●シチュエーション：ティータイム ●エリア：アルト・アレンテージョ地方ポルタレグレ
●構成：パン生地＋ラード＋リンゴ＋砂糖＋シナモン

西洋を代表する果物といえば、圧倒的にリンゴである。ただし、リンゴを消費するのは、ドイツやイギリスなど北ヨーロッパが中心だ。では、暖かいポルトガルで食べないか、というと、そんなことは決してなく、菓子にも使われる。

リンゴを使うポルトガル菓子に、ボレイマがある。アルト・アレンテージョ地方の街ポルタレグレのサンタ・クララ修道院に伝わる菓子だ。天板に広げて大きく焼き、カフェやパン屋では10cm四方にカットして売られている。

ボレイマはパン生地を薄くのばして、リンゴ、砂糖、シナモンをのせ、パン生地で覆って作る。表面に砂糖をふってからオーブンに入れることで、カラメル化して香ばしく仕上がる。食べ始めると、つい、もうちょっと、と手がのびてしまうおいしさがある。

実はこの菓子の特徴は、ラードを生地に練り込むところにある。そのこともあって軽くバリッとした食感があり、とりわけ端の部分はカリッとしていて、病みつきになる食感と味がある。

果物はリンゴに限らない。洋梨やマルメロのジャムのマルメラーダ（→P124）を用いることもある。マルメラーダ（→P124）を使うところが、ポルトガルらしいといえよう。クルミを入れたものもある。逆に砂糖とシナモンしかはさんでいないシンプルなボレイマもある。

さらにボレイマは、アルト・アレンテージョ地方の各地域によって少しずつ伝統や形状が異なる。カステロ・デ・ビデのものは厚みが1cmにも満たず、もともとはカーニバルの食べ物だ。またポルタレグレではイースターの時期に食べる。現在では、この地方のどこのパン屋、菓子屋、カフェでもボレイマは通年売られている。

ボレイマ（20×30cmの天板1枚分）

材料

マッサ・デ・パォン
　強力粉 …… 500g
　塩 …… 8g
　水 …… 400ml
　中だね
　　生イースト …… 25g
　　ぬるま湯 …… 150ml
　　強力粉 …… 100g
ラード …… 125g
リンゴ …… 1個
グラニュー糖 …… 100g
シナモン …… 10g

作り方

1　マッサ・デ・パォンの中だねを作る。生イーストをぬるま湯でとき、強力粉を混ぜ合わせる。冷蔵庫で一晩休ませる。

2　1に強力粉、塩、水を加え、気泡が現れるまでこねる。暖かい場所で2倍の大きさになるまで発酵させる。

3　マッサ・デ・パォンを500gとり、ラードを練り込み、2等分にする。

4　半分の生地を麺棒で厚さ2mmにのばし、天板に敷き詰める。皮をむいて薄切りにしたリンゴをまんべんなく敷き詰め、グラニュー糖とシナモンを合わせて、半量をふる。

5　残りの生地をのばし、4にかぶせる。下の生地の端を上の生地の端にねじり込むようにしてとじ合わせる。

6　4で合わせたグラニュー糖とシナモンの残りの半量をまんべんなくふる。

7　表面にフォークで穴をあけ、200℃のオーブンで30分焼く。
※リンゴのほかに、洋梨やマルメラーダ（マルメロのジャム）（→P124）を用いることもある。

ボーロ

BOLO

甘食に似た、山岳地帯に伝わる素朴な焼き菓子

●カテゴリー：焼き菓子 ●シチュエーション：祝い菓子 ●エリア：モンターニャス ●構成：小麦粉＋砂糖＋卵＋牛乳＋オリーブオイル

九州・佐賀県の銘菓に丸ぼうろがある。小麦粉、砂糖、卵、牛乳を材料に、平べったい円状に焼き上げた菓子で、16世紀に伝えられた南蛮菓子のひとつ。そう、ポルトガルから伝わった菓子だ。

ポルトガルではボーロは、焼き菓子の総称であるが、同時に、この丸ぼうろのルーツと思われるような菓子の名称でもあり、それはベイラ地方の東部から北部からにかけてのモンターニャスと呼ばれる地域にある。イースターに食べられる菓子で、円状であるのは丸ぼうろと同じ。モンターニャスのペーニャ・ガルシーア村に伝わる菓子はやや厚みがあり、甘食に似た懐かしい味わいがある。

この村では共同窯でパンやケーキが焼かれる。家で生地を作って窯に持ってきて焼くのだ。ボーロを作るときは、天板にスプーンで生地をすくい人差し指で生地を落として焼く。

ペーニャ・ガルシーア村近くの村、モンサントでもイースターの時期には共同窯でボーロは作られる。基本の生地や作り方は同じものの、風味に違いがある。モンサントのものはレモンの皮のすりおろしとアグアルデンテと呼ばれるポルトガルのブランデーを加えて作られる。

ボーロはイースターに遠くからやって来る家族や親族が帰路に着く際に持ち帰れるよう、たくさんの量を作る。そのため普段は共同窯を使わない人も、家のオーブンでは一度にたくさん焼けないので共同窯を利用する。もちろん通年この地域のおやつ菓子としても作られており、パン屋や食料品店にて常に売られている。つまり、普段は市販のボーロを購入するが、イースターのような特別の日には家族親戚のために自家製ボーロを焼くのだ。

かつては村人のコミュニティーの場としての役割も担っていた共同窯だが、村の過疎化、高齢化により廃墟となりつつある。そんななか、共同窯をリフォームし、ボーロやパンを焼く人を募り、子供や若者にデモンストレーションをし、村おこしをしている自治体もある。ボーロのある風景は、模索をしながらも時代とともに受け継がれているようだ。

ボーロ（20個分）

材料
中力粉 …… 200g
重層 …… 1g
卵 …… 1½個
グラニュー糖 …… 100g
牛乳 …… 50㎖
オリーブオイル …… 50㎖
とき卵 …… ½個分

作り方
1 とき卵以外の材料を混ぜ合わせる。
2 天板にサラダ油（分量外）を薄く塗り、中力粉（分量外）をはたく。1の生地をテーブルスプーンで落としていく。
3 とき卵をガーゼにしみこませ、生地の表面にやさしく塗る。
4 180℃のオーブンで15〜20分焼く。

ボーロ・デ・アローシュ

BOLO DE ARROZ

米の粉を使うむっちりとしたカップケーキ

●カテゴリー：ケーキ ●シチュエーション：朝食、ブランチ、ティータイム ●構成：米粉＋小麦粉＋バター＋砂糖＋卵

見た目のとおり、カップケーキである。菓子名は直訳すると"米のケーキ"。一般的にカップケーキというと、通常のケーキを小型化したもので、小麦粉を使うが、ボーロ・デ・アローシュの場合は、上新粉（米粉）がメイン。そのため、一般的なカップケーキに比べると食感が随分と異なる。

ボーロ・デ・アローシュは目がつまってずっしり重い。栄養があり腹持ちがよいので、おやつとしてだけでなく、小腹がすいたときや朝食に食べる人も少なくない。

ポルトガルではカフェでもおなじみのボーロ・デ・アローシュは、どこのカフェや菓子屋にもある。また、子どもの頃にカフェで初めて食べたケーキがこれ、という思い出も伴う懐かしい菓子なのだ。

作るときは、カップケーキケースに入れるのではなく、丸いセルクル型の側面に紙を沿わせ生地を入れてグラニュー糖をふりかけてオーブンで焼く。丸くぷっくらした形ではなく、すくっとのびやかな表情をしているのはそのためである。

この焼き上がりにケーキの側面を囲んでいる紙は、全国共通で同じものが使われているのは、面白いところ。よく見ると、"Bolo de Arroz"という文字があり、その下に少し小さく"Fabrico Especial da Casa"と書いてある。"当店のスペシャル"という意味だが、ケーキはともかく、どの店でも同じ紙が使われている。本当に"当店のスペシャル"であれば、紙も含めてすべてオリジナルにしてもおかしくない。些細なことではあるが、こういうおおらかさもポルトガルらしさを感じさせる。

ボーロ・デ・アローシュ（直径6cmのセルクル8個分）

材料
上新粉 …… 100g
薄力粉 …… 100g
ベーキングパウダー …… 小さじ1
グラニュー糖 …… 125g
バター …… 70g
卵 …… 3個
牛乳 …… 50㎖

作り方
1 やわらかくしたバターにグラニュー糖を加え、すり合わせる。
2 ときほぐした卵を少しずつ混ぜる。牛乳を加えよく混ぜる。
3 上新粉、薄力粉、ベーキングパウダーを合わせてふるい、2に混ぜ合わせる。
4 内側にクッキングシートを巻いたセルクルを天板におき、3の生地を入れる。
5 表面にグラニュー糖（分量外）をふり、180℃のオーブンで20分焼く。

ボーロ・デ・ボラシャ

BOLO DE BOLACHA

加熱調理なしで作れる簡単デザート

●カテゴリー：ケーキ ●シチュエーション：ティータイム、デザート ●構成：マリービスケット＋エスプレッソコーヒー＋生クリーム

　加熱調理なし、市販のマリービスケットをデコレーションするだけの簡単な菓子。ポルトガルの子どもが初めての菓子作りに挑戦するときの定番だ。

　マリービスケットの由来は諸説あるが、有力なもののひとつは、1874年、英国ヴィクトリア女王の第4子のアルフレッド王子とロシア皇帝アレクサンドル2世の王女マリアとの結婚を祝してイギリス人の菓子職人によって作られたとされるものだ。

　そのビスケットはヨーロッパ中に広がり、ファシズムのフランコ政権は小麦栽培を奨励。余剰の小麦で安価なマリービスケットを大量生産し、輸出した。スペイン市民戦争（1936-39）で勝利をおさめた当時、同盟国であったポルトガルの独裁者サラザールもマリービスケットを輸入。ポルトガルでもよく食されるようになった。

　このマリービスケットはポルトガルではマリアビスケットと呼ばれ、スーパーマーケットで売られるビスケットのなかでももっとも安価なものだ。このマリービスケットをエスプレッソコーヒーにさっとくぐらせて、砂糖を少し入れて軽く泡立てた生クリームをはさむ。コーヒーでビスケットがほどよく湿り、さらに生クリームをはさんで少し時間をおくと、しっとりとしてそれぞれの味がなじむ。

　老若男女問わず喜ぶ菓子で、家庭でよく作られるが、レストランや食堂のメニューにもある。それほどポルトガルの人に愛されているということだろう。

　通常はビスケットを2枚重ねで作るボーロ・デ・ボラシャだが、マリービスケットを何枚も重ね大きく仕上げると、誕生日パーティなど人が集まる場で活躍してくれる。

材料となるマリービスケットはポルトガルではおなじみ。スーパーマーケットだけでなく、マーケットで売る人もいる

ボーロ・デ・ボラシャ（4個分）

材料
マリービスケット …… 16枚
エスプレッソコーヒー …… 200㎖
生クリーム …… 200㎖
グラニュー糖 …… 24g
インスタントコーヒー …… 少量
削ったチョコレート …… 適量

作り方
1　エスプレッソコーヒーを淹れ、好みでグラニュー糖（分量外）を加える。マリービスケットをさっとくぐらせる。
2　生クリームにグラニュー糖、少量の湯（分量外）でといたインスタントコーヒーを加え、ピンと角が立つまで泡立てる。
3　1のビスケットで2のクリームをはさみ、好みの大きさにする。残りのクリームで表面を覆い、冷蔵庫で一晩休ませる。
4　削ったチョコレートを飾る。
※エスプレッソコーヒー、または生クリームに、ブランデーなど好みの洋酒を加えてもよい。

ボーロ・デ・メル・ダ・マディラ
BOLO DE MEL DA MADEIRA
別名：ボーロ・デ・メル・ダ・カーナ／Bolo de Mel-da-Cana

スパイスが豊かに香るマディラ島のクリスマスケーキ

● カテゴリー：ケーキ ● シチュエーション：祝い菓子 ● エリア：マディラ島
● 構成：小麦粉＋バター＋砂糖＋卵＋モラセス＋香辛料＋ナッツ＋ドライフルーツ＋マディラワイン

マディラ島で有名なもののひとつに数えられるのが、この黒くてスパイシーな香りのキビ蜜（モラセス）のケーキだ。ボーロ・デ・メル・ダ・マディラはマディラ島中どこへ行っても見かけ、直径15㎝×高さ4㎝ほどの手頃な大きさで持ち運びしやすく、日持ちするので手みやげとしても重宝される。

地元マディラ島の人々は、クリスマスにボーロ・デ・メル・ダ・マディラを作って食べる。12月8日に作り始め、じっくり熟成させるとクリスマスには食べ頃となる。各家庭でレシピがあり、その年焼いたケーキの一片をとっておいて、1年後に食べる習慣がある。1年前のケーキと食べ比べて、その年のケーキのできと比較するためだ。

このケーキの始まりには2つの説がある。ひとつは15世紀にアルガルヴェ地方の街、モンシックの修道院の修道士がハチミツケーキをマディラ島のサンタ・クララ修道院に贈ったところ、サトウキビ栽培が盛んであったマディラ島ゆえ、修道女たちがそのハチミツケーキをキビ蜜とクローブを加えたというものだ。もうひとつは交易のあったイギリスの影響から。クリスマス・プディングをアレンジして作られたという説である。

多くの家庭で作られるようになったのは、18～19世紀頃から。インドからの香辛料の入荷が増えたことと、重曹が工業的に作られるようになり、安価で入手できるようになって以降だ。

また、ボーロ・デ・メル・ダ・マディラには2つの種類ある。通常タイプとリッチなものだ。リッチな方にはドライフルーツがたっぷりと入っている。特にクルミがたくさんあるものを、リッチと呼ぶ。

食べるときは必ず手で割り、マディラワインと合わせるのが、このケーキの正しい食べ方である。

ボーロ・デ・メル・ダ・マディラ（直径20㎝の丸型2台分）

材料
マッサ・デ・パォン（→P215）…… 50g
中力粉 …… 250g
重曹 …… 2g
グラニュー糖 …… 50g
モラセス …… 200g
バター …… 50g
ラード …… 70g
刻んだナッツ＆ドライフルーツ（クルミ、
　　アーモンド、オレンジピールなど）
　　…… 200g
オレンジの皮すりおろし …… 1個分
スパイス類（アニス、シナモン、クローブ、
　　オールスパイス、ナツメグ）…… 少量
皮なしアーモンドとクルミ（飾り用）…… 適量
マディラワイン …… 30㎖

作り方
1 ボウルにマッサ・デ・パォンを入れ、中力粉をふる。布巾をかけて室温に半日おく。

2 1に重曹、グラニュー糖、モラセス、バター、ラード、刻んだナッツ＆ドライフルーツ、オレンジの皮すりおろし、スパイス類を入れ、ボウルから生地が離れるようになるまでこねる。涼しい場所で1日発酵させる。

3 生地を2等分して型に入れ、表面にアーモンドとクルミをおき、180℃のオーブンで40分焼く。

4 粗熱がとれたら、マディラワインを塗る。
※きっちりとラップをしておくと1カ月もつ。

ボーロ・デ・ノイヴァ
BOLO DE NOIVA

イギリスからもたらされ、さわやかに変身したフルーツケーキ

●カテゴリー：ケーキ ●シチュエーション：ティータイム、祝い菓子 ●エリア：アソーレス諸島サン・ミゲル島
●構成：小麦粉＋砂糖＋バター＋卵＋ドライフルーツ＋アルコール

菓子を語るときに、その背景をエリアや国だけに求めるのはむずかしい。近隣や関係のあった国も見逃せなく、お互いに影響し合い、その土地で発展を遂げて今に伝わっているのだから。

このボーロ・デ・ノイヴァもそんな菓子だ。作られているのは、アソーレス諸島のサン・ミゲル島。ボーロ・デ・ノイヴァは平たくいうとフルーツケーキのことで、イギリスからもたらされたものだ。

サン・ミゲル島は、イギリスとの交易が盛んだったところ。サン・ミゲル島からはオレンジが輸出され、イギリスからは家具などが持ち込まれた。人や物の行き来があれば、当然食べることを含め、習慣も入ってくる。ドライフルーツがたっぷり入ったフルーツケーキは、イギリスの伝統菓子のひとつで日持ちもするとあらば、ポルトガルに持ち込まれたのはなんら不思議なことではない。

とはいえ、その土地に根づくには、なんらかのアレンジが加わることが一般的で、ボーロ・デ・ノイヴァの場合は使うドライフルーツとアルコールが、一般的なイギリスのフルーツケーキとは若干異なる。

イギリスの場合、ドライフルーツといえばレーズンやカランツなどの干しブドウ類、かつてはプラムが主流だったが、海を渡ったポルトガルのアソーレス諸島では、オレンジピールやレモンピール、チェリーやカボチャの砂糖漬けが用いられる。アルコールも、イギリスでよく見られるウィスキーやブランデー、ラム酒ではなく、ポートワインを使うのもポルトガルらしい。

本書のレシピでは、日常的にも食べられるパウンド型で焼いたものを紹介したが、ノイヴァとはポルトガル語で"花嫁"の意味。ウェディングケーキとしても登場し、その際は白く繊細なシュガークラフトが施される。シュガークラフト、そしてフルーツケーキをシュガークラフトで飾りウェディングケーキに仕立てる習慣もイギリスからやって来たものだ。

ボーロ・デ・ノイヴァ（8×20cmのパウンド型5本分）

材料
中力粉 …… 500g
ベーキングパウダー …… 小さじ1
バター …… 500g
グラニュー糖 …… 350g
モラセス …… 125g
卵 …… 6個
ドライフルーツ（刻んだもの）…… 300g
ポートワイン …… 大さじ1
ウィスキーまたはブランデー …… 適量

作り方
1 ドライフルーツに中力粉（分量外）をまぶす。
2 バターとグラニュー糖を白っぽくなるまですり合わせる。
3 ときほぐした卵を少しずつ加え、混ぜ合わせる。
4 モラセスを加え、合わせてふるった中力粉とベーキングパウダーを混ぜ合わせる。ドライフルーツ、ポートワインを合わせる。
5 型に入れ、下の段には水をはった天板をおいた180℃のオーブンで、1時間焼く。途中、表面が色づいてきたらアルミホイルで覆い、下火のみで焼く。
6 完全に冷めたらウィスキーまたはブランデーを塗り、アルミホイルで覆い、涼しい場所で保存する。
※食べ頃は8日目。1日1回ウィスキーまたはブランデーを塗る。

ボーロ・ド・カッコ

BOLO DO CACO

ポルトガルの豚肉のサンドイッチ"ビファーナ"のパンとしても活躍

●カテゴリー：発酵菓子 ●シチュエーション：昼食、ブランチ、スナック ●エリア：マデイラ島、ポルトサント島
●構成：小麦粉＋水＋塩＋イースト（＋サツマイモ）

　北大西洋上のマカロネシアに位置するポルトガル領マデイラ諸島の、マデイラ島およびポルトサント島の伝統的なパン。その起源はアラブにあり、かつては家で焼くパン生地の残りを利用して焼かれていた。丸く平べったい見た目で、大きさは直径15〜20cm、高さ2〜3cmほどだ。

　今ではガス火で分厚い鉄板の上で焼かれることが多いが、もともとは、菓子名にもなっている玄武岩のCaco（カッコ）という石の上で焼かれていた。直接石の上や鉄板で焼くため、薄く少しかたい表面と、もちっとした中身の食感に仕上がる。

　ボーロ・ド・カッコは、生地にサツマイモのピュレもしくはゆでたサツマイモをフォークでつぶしたものを練り込んだものとそうでないものがある。サツマイモ入りはほんのりと甘く、よりいっそうもっちり感が感じられる滋養豊かな味わいだ。

　食べるときは、横半分にスライスし、ガーリックバターを塗るのがもっともポピュラーだが、サンドイッチのように牛肉、豚肉や太刀魚の天ぷらなどをはさんだり、ハンバーグや野菜などを入れてハンバーガーにしたりして食べるのも一般的である。

　現在のボーロ・ド・カッコはホットプレートで焼くとも珍しくないので、最近はマデイラ島以外でも食べられる。実際、マデイラ島の味をウリにしたカフェなどがリスボンには点在し、このボーロ・ド・カッコを使った豚肉のサンドイッチ"ビファーナ"は人気が高い。

　パンを焼くことについてのエピソードをひとつ。昔、マデイラ島の伝統的な家は木でできていたため、窯の火が原因で火事になり家が焼け崩れることがよくあったという。そのため島の決まりごととして、家の外でパンを焼くようになったという逸話も残っている。

ボーロ・ド・カッコ（8個分）

材料
強力粉 …… 600g＋25g
サツマイモ
　…… （ゆでて皮をむいた状態で）350g
塩 …… 10g
水 …… 350〜400㎖
生イースト …… 25g
ぬるま湯 …… 50㎖

作り方
1　サツマイモはゆでて皮をむき、フォークでつぶす。
2　生イーストをぬるま湯でとき、強力粉25gと混ぜ合わせる。
3　1に強力粉600gと塩を入れ、2を入れ、水を少しずつ加えて手につかなくなるまでこねる。
4　暖かい場所で3倍に膨らむまで、布巾をかぶせて1〜2時間発酵させる。
5　4を8等分し、強力粉（分量外）をつけて丸める。手で直径10cmの円にのばす。
6　真ん中の温度のホットプレートで、片面12分ずつ焼く。
　※食べるときは、横半分に切り分けガーリックバターをはさむのが一般的。

ボーロ・レヴェド
BOLO LEVEDO

温泉地の名物は、ホットケーキに似た発酵菓子

●カテゴリー：発酵菓子 ●シチュエーション：ティータイム、デザート、昼食、ブランチ ●エリア：アソーレス諸島サン・ミゲル島フルナス
●構成：小麦粉＋砂糖＋バター＋卵＋牛乳＋イースト

ポルトガル語のlevedarは"発酵させる"という意味。Bolo Levedoは直訳すると"発酵菓子"となる。であれば発酵させて膨らんだ菓子の総称として、ボーロ・レヴェドと呼ぶのかというとそうではなく、地方銘菓にこういう名称の菓子があるのだ。

作られているのは、アソーレス諸島サン・ミゲル島フルナス。ここは地下から温泉が湧き出ている場所だ。実際に現地に赴けば、湯煙が立ち、硫黄臭が立ち込め、否が応でもここが温泉地であることを実感できる。ただし、温泉地といっても日本のそれと違って、旅館やホテルが建ち並んでいるのではなく、病気の治癒を目的とし、医師の処方箋が必要な温泉治療所がある。温泉は療法のひとつなのだ。

温泉を利用した食べ物といえば、日本だと温泉まんじゅうや温泉卵などが思い出され、フルナスではこういった温泉の高い蒸気を利用して作る食べ物があり、ポトフを彷彿とさせるCozido de Lagoa das Furnas（コジード・デ・ラゴーア・ダシュ・フルナス）、そしてこのボーロ・レヴェドである。

ボーロ・レヴェドは名前が意味するとおり、発酵菓子で、かつては厚手の素焼きの器で、現在では専用の厚いフライパンで焼く。しっかりと焼き上げたかたいショートケーキといった食感の菓子で、シンプルで飽きのこないおいしさがある。リスボンなどでは直径10〜12cmのものも売られているが、現地、フルナスでは直径25cmほどもある大きなものだ。しかし食べやすさゆえ、一人でもペロリと平らげることができる。

ボーロ・レヴェドはパンのように食事の際に登場することもあれば、おやつとしてバターやジャムを塗って食べることもある。現地ではヤギのフレッシュチーズと一緒に食べることもあり、新鮮な素朴さが相まって格別だ。

ボーロ・レヴェド（8個分）

材料
中力粉 …… 1kg
グラニュー糖 …… 250g
塩 …… 少々
卵 …… 2個
とかしバター …… 60g
牛乳 …… 350〜400ml
中だね
　中力粉 …… 50g
　生イースト …… 50g
　ぬるま湯 …… 50ml

作り方
1 中だねを作る。生イーストをぬるま湯でとき、中力粉と合わせ、小さなボール状にして1時間おく。
2 中力粉、グラニュー糖、塩を合わせてふるい、ボウルに入れ、真ん中にくぼみを作る。ときほぐした卵ととかしバター、中だねを入れ、牛乳を少しずつ入れ、生地がボウルにくっつかなくなるくらいまでこねる。
3 ボウルに乾いた布巾を敷き、中力粉（分量外）をふり、2の生地をおく。暖かい場所で、2倍の大きさになるまで発酵させる。
4 発酵した生地を150gに分割して丸め、再度暖かい場所で、2倍の大きさになるまで発酵させる。
5 直径12cmほどの円形にのばす。
6 フライパンに中力粉（分量外）をふり、生地をのせ、弱火でじっくりと焼く。
7 焼き色をつけた面を上にし、皿におく。

ボーロ・ポードレ
BOLO PODRE
別名:ボーロ・デ・メル/Bolo de Mel

実は日持ちが長い"腐った菓子"

●カテゴリー:ケーキ ●シチュエーション:祝い菓子 ●エリア:アレンテージョ地方
●構成:小麦粉+オリーブオイル+砂糖+卵+ハチミツ+アーモンド+アグアルデンテ

"ボーロ・ポードレ"とは"腐った菓子"という意味。"腐った"とは、菓子には不似合いな名前に思えるが、実態はまったく逆の"腐らない菓子"。日持ちするのがボーロ・ポードレの大きな特徴である。

アレンテージョ地方の家庭では結婚式やクリスマスの1カ月前には焼き始めるボーロ・ポードレ。その起源は、1541年建設されたノッサ・セニョーラ・ダ・エスペランサ修道院で作り始められたと考えられる。のちに広く大衆に広がり、今に伝わっている。"腐らない菓子"は、古典落語の「まんじゅうこわい」でないが、そのおいしさゆえ、独り占めしたい、つまみ食い防止といった、逆説的な意味があったのかもしれない。

かつてのアレンテージョ地方は大変貧しく、頻繁にパンや菓子を焼く習慣はなかった。食事に不可欠なパンを焼くのは週に一度。その後の、まだ熱が残っている窯を利用して菓子も焼き、そのひとつがこのボーロ・ポードレだったのである。

たいていの場合、大きなエンゼル型に生地を入れてじっくりと焼く。もともと日持ちのするケーキだが、焼けたら型から出し、ポルトガルのブランデー、アグアルデンテを表面に塗るとより長持ちする。

アグアルデンテで仕上げたボーロ・ポードレは、生地に使ったオリーブオイルとアグアルデンテの香りが豊かに香る、風味豊かな菓子である。お気に入りのハチミツをかけたり、ハーブティーと合わせたりするとよりおいしく食べられる。

ところで、北部ベイラアルタ地方にもボーロ・ポードレという同名の菓子があるが、まったく別のもの。オリーブオイル、バター、卵が入ったリッチなイースト菓子で、このハチミツ入りのどっしりとしたアレンテージョ地方のものとは似ていない。

ボーロ・ポードレ (直径23cmのエンゼル型1台分)

材料
薄力粉 …… 160g
アーモンドプードル …… 75g
ベーキングパウダー …… 1g
ハチミツ …… 330g
オリーブオイル …… 160g
卵 …… 2個
アグアルデンテ …… 30ml
重曹 …… 2g
水 …… 2ml

作り方
1 ハチミツ、オリーブオイル、卵をよく混ぜ合わせる。
2 薄力粉、アーモンドプードル、ベーキングパウダーを合わせてふるい、1に加える。
3 2にアグアルデンテを加えて、よく混ぜる。
4 重曹を水でとき、3に加えてよくまぜる。一晩休ませる。
5 型に入れ、180℃のオーブンで50分焼く。途中で表面が焦げないようにアルミホイルなどで覆う。
6 焼き上がったらアグアルデンテ(分量外)を塗る。
※アグアルデンテはグラッパで代用可。

ボーロ・レイ
BOLO REI

クリスマスリースを思わせる発酵菓子

- カテゴリー：発酵菓子 ● シチュエーション：ティータイム、デザート
- 構成：小麦粉＋バター＋砂糖＋卵＋牛乳＋イースト＋ドライフルーツやナッツ類

　直訳すると"王様の菓子"。ポルトガルのクリスマスシーズンに欠かせないイースト菓子だ。リング上の上に飾られたカラフルなドライフルーツが、華やかな場にふさわしい。

　ボーロ・レイは毎年11月末から1月初旬まで、ポルトガルの菓子屋のショーウィンドウを飾る。生地には、ファヴァを1個入れて焼き込む。ファヴァとは乾燥ソラマメのことだ。切り分けて食べたボーロ・レイにファヴァが入っていた人は、ボーロ・レイをもうひとつ買わなければならないという習わしがある。クリスマスであれば、お正月用のボーロ・レイを、といった具合だ。金属製の人形や動物などの飾りのプリンデも入れる習慣があったが、2011年の衛生法により、禁止となった。

　菓子自体や食す時期に違いがあるものの、フランスの1月6日の公現節の菓子、ガレット・デ・ロワのあり方にボード・レイは似ている。ガレット・デ・ロワの場合は、中にフェーヴ（乾燥ソラマメであるファヴァのフランス語読み）をしのばせ、当たった人は1年間幸福が継続するといわれる。

　ボーロ・レイの形はリング状になっているのが決まりだが、これは輪っかを作って形成するのではない。いったん円状にした後で、ひじを押し当てて穴をあける。シーズン菓子ゆえ、決まった時期にたくさんのボーロ・レイを作る菓子職人にとって、肘が炎症するほどの重労働である。

ボーロ・レイ（直径約30cmのもの3個分）

材料
中力粉 …… 1kg
バター …… 200g
グラニュー糖 …… 150g
卵 …… 3個
塩 …… 15g
牛乳 …… 100㎖
ドライフルーツの洋酒漬け …… 500g
クルミ …… 50g
松の実 …… 50g
アーモンド …… 50g
とき卵（水でとかす）…… 適量
ファヴァ …… 3個
粉糖 …… 適量
中だね
　中力粉 …… 100g
　生イースト …… 40g
　ぬるま湯 …… 100㎖
飾り用
　オレンジピール、レモンピール、
　　ドレンチェリー、イチジクの砂糖漬け
　　…… 各適量

作り方
1 中だねを作る。生イーストをぬるま湯でとき、中力粉を加えてひとまとめにし、30分発酵させる。
2 ボウルに中力粉、バター、グラニュー糖、卵、塩、牛乳を入れ、1の中だねを加え、ボウルに生地がくっつかなくなるまでこねる。暖かい場所で30分発酵させる。
3 2の生地をガス抜きし、ドライフルーツとナッツ類を混ぜ合わせ、暖かい場所で1時間発酵させる。
4 3等分し、ファヴァを入れ、ボール状にまとめる。ひじで真ん中に穴をあけ、リング状に形を整える。
5 表面にとき卵を塗り、飾り用のピール類などをおき、暖かい場所で30分発酵させる。
6 200℃に熱したオーブンで20〜30分焼く。
7 冷めたら粉糖をふる。

ブローア・デ・ミーリョ

BROA DE MILHO

トウモロコシの甘みがじんわりと感じられる

●カテゴリー：パン ●シチュエーション：朝食、スナック ●エリア：中部から北部
●構成：小麦粉＋コーンフラワー＋水＋塩＋イースト

18世紀から今にいたるまで、ポルトガル人に愛されている、どっしりと重いトウモロコシパン。噛めば噛むほど、トウモロコシが持つ自然な甘みが感じられ、しみじみと奥深い旨みがある。

もっともコーンフラワーだけでは膨らみにくいので、粉には小麦粉も使う。小麦粉は強力粉を使用する。地域によっては、ライ麦粉も加えるところもある。

ブローア・デ・ミーリョは直径20cmほどに丸く大きく焼いてから、薄く切って食べるのが一般的。焼き上がってまだ温かいうちに、バターを塗ったり、グラニュー糖をぱらぱらとふってオリーブオイルを少したらしたりして食べる。

表皮がすぐにかたくなるが、これはこれで楽しみ方がある。5mm角ほどに小さくカットしてトマトやキュウリと合わせて塩、ワインビネガー、オリーブオイルであえてサラダにしたりする。ポロポロに崩してバカリャウ（干しダラ）にのせ、オリーブオイルをかけてオーブンで焼き、クリスピーな食感を楽しんで食べることもある。

トウモロコシはポルトガル人にとってなくてはならない食材で、全国で栽培されている。北部では今でも収穫したトウモロコシを貯蔵する、エシュピゲイロという小さな高床式の倉がまだ残っている。

ポルトガル語でミーリョことトウモロコシは、そのまま食べるより粉に加工したものを利用することがほとんどだ。このブローア・デ・ミーリョのようにパンにしたり、ビスコイット・デ・ミーリョ（→P30）と呼ばれるビスケットやパパシュ・デ・ミーリョ（→P152）というトウモロコシ粥にして食べたりと、日常の食卓にトウモロコシを使ったものは頻繁にあがる。

ブローア・デ・ミーリョはイワシと相性がよい。2つの食べ方があり、ひとつはブローア・デ・ミーリョを1cmの厚さに切り、オイルサーディンをのせ、さらにオリーブオイルをかけて食べるやり方。もうひとつは、ブローア・デ・ミーリョの生地をピザ生地のように薄くのばして、生のイワシをトッピングしてオリーブオイルをかけ高温のオーブンで焼くというものだ。どちらもおつまみにもってこいで、酸味のある赤ワインと相性がよい。

ブローア・デ・ミーリョ（1個分）

材料
強力粉 …… 220g
コーンフラワー …… 250g
熱湯 …… 300ml
塩 …… 5g
生イースト …… 5g
ぬるま湯 …… 150ml

作り方

1 熱湯に塩をとかし、コーンフラワーに少しずつ加え、木べらで混ぜる。よく混ざったらラップをして常温で1時間休ませる。
2 生イーストをぬるま湯でとかし、1とよく混ぜ合わせる。
3 2に強力粉を少しずつ加えてまとめる。常温で1時間休ませる。
4 強力粉（分量外）をふり、直径18cmに丸くまとめ、250℃のオーブンで30分焼く。
※生地をまとめるときは、ほとんどこねる必要はない。
※そのまま食べても、バターを塗ってもよい。

ブローアシュ・デ・バタータ

BROAS DE BATATA

ゆでたジャガイモが入ったソフトビスケット

●カテゴリー：焼き菓子 ●シチュエーション：おやつ、祝い菓子 ●エリア：ベイラ地方、リバテージョ地方
●構成：ジャガイモ＋小麦粉＋砂糖＋卵

ブローアシュは、トウモロコシの粉で作った"丸くて大きな塊"というパンの名前に使われる言葉であると同時に、"小さなソフトビスケット"という意味ももつ。このブローアシュ・デ・バタータの場合は後者。ゆでたジャガイモが入った、もっちりとやわらかい食感のビスケットだ。ジャガイモの代わりにサツマイモを入れて作る場合もある。

ブローアシュ・デ・バタータはポルトガルの中央部のベイラ地方、リバテージョ地方で11月1日の万聖節やクリスマスシーズンに家庭でたくさん作り、そして食べられてきた焼き菓子だ。だが、その起源については定かではない。かつては特別な日に食べる菓子であったが、現在では時期を問わず、通年作られている。

標高1993m、ポルトガル本土で一番高いエストレラ山脈の東側のグアルダ県に属するフェラオン・ジョアネス村の、週末やお祭りのときに立つ青空市でこの菓子を売るために祖母から母へ、母

から伝えられた味を作る農家の女性がいる。農家には大きな窯があり、一度にたくさんのパンや菓子を焼くことができる。

このブローアシュ・デ・バタータを幼少時の楽しい日を懐かしんで購入する人が多く、すぐに売り切れるそうだ。手作りなので不揃いではあるが自家製のジャガイモ入りの生地を薪の窯で焼いているので市販のパン屋や菓子屋で売られているブローアシュ・デ・バタータよりももっちりしている。

レシピはパン生地、あるいはイーストを使用するものもあれば、今回紹介しているレシピのようにベーキングパウダーや重曹を使用して作るものもある。

冷めてからビニール袋に入れておくとねっちりもっちりとした食感が2週間は続く。形はでこぼこしていて、どれも同じではない。手作りならではの見た目、そして、食べるとじんわりと心とお腹に染み入る飽きのこない味わいがある。

ブローアシュ・デ・バタータ (25個分)

材料

ジャガイモ …… 200g
中力粉 …… 200g
ベーキングパウダー …… 2g
シナモン …… 5g
三温糖 …… 150g
卵 …… 1個
バター …… 10g
ハチミツ …… 15g
レーズン …… 100g

作り方

1 ジャガイモは皮をむいて半分に切り、塩ひとつまみ (分量外) でゆでて、熱いうちに裏ごす。バターとハチミツを加えて、混ぜる。
2 中力粉、ベーキングパウダー、シナモンを合わせてふるう。
3 1に三温糖、ときほぐした卵、2、レーズンを順番に加え混ぜる。
4 天板に、3をスープスプーン1杯ずつ、指で楕円形にしながらおく。
5 230℃のオーブンで12分焼く。乾燥させすぎないようにまだ水分が残っている状態で焼き上げる。

ブローアシュ・デ・エスペッシー
BROAS DE ESPÉCIE

クリスマスを彩るプチ・スイートポテト

●カテゴリー：焼き菓子 ●シチュエーション：祝い菓子 ●エリア：リスボンおよびリスボン近郊
●構成：サツマイモ＋トウモロコシ粉＋小麦粉＋砂糖＋卵＋アーモンド＋カラースプレー

一見スイートポテトのように見える。遠からず近からず、コーンフラワーもしくはコーンミール、中力粉なども使うものの、ブローアシュ・デ・エスペッシーはゆでて裏ごししたサツマイモを主な材料とするので、スイートポテトを想像すると、味がイメージしやすい。ただし大きさは、どんなに大きくとも縦8cm×横4cmに収まる舟形で、かなり小ぶりだ。

スイートポテトと一線を画すのは、食べるシチュエーションである。ブローアシュ・デ・エスペッシーは普段使いの菓子ではない。クリスマスのデザートとして食されるもので、毎年10月末ぐらいから現れる。ちなみに、仕上げにカラースプレーを施さないものは、Broas Castelares（ブローアシュ・カステラール）と呼ばれる。

この菓子は、1860年創業の菓子屋コンフェイタリア・フランセーザのカステラール兄弟により作り始められた。現在はなくなってしまったが、この菓子屋はリスボンのバイシャ地区のオウロ通りにあったとされる。今でも毎年クリスマスの時期のバイシャ地区は美しいイルミネーションで飾られる。

クリスマスという特別な時期に食べる菓子だからだろうか、手間ひまかけてていねいに作られる。サツマイモをゆでて裏ごし、材料を火にかけて練る。でき上がった生地は必ず一晩寝かせてから成形する。ひとつひとつ舟形にして、表面に卵黄をそっと塗る。焼き上がった後ももうひと作業が必要だ。オーブンから出したら、必ず乾いた布巾を両手で持ってブローアののった天板の上をさっと払う。こうすることでブローアの表面のツヤが出るというわけだ。

さわやかな風味に仕上げたいなら、オレンジやレモンのピールや皮のすりおろしを加えてもよい。ココナッツファイン入りのものも近年では見られる。

ブローアシュ・デ・エスペッシー（30個分）

材料
サツマイモ（ゆでて裏ごししたもの）…… 200g
コーンフラワーもしくはコーンミール…… 110g
中力粉 …… 25g
グラニュー糖 …… 250g
アーモンドプードル …… 40g
ハチミツ …… 25g
卵 …… 1個
卵黄 …… 1個分
オレンジの皮のすりおろし …… 1/2個分
カラースプレー …… 適量

作り方
1 鍋にサツマイモとグラニュー糖を入れ、中弱火にかけて、ねっとりするまでよく混ぜ合わせ、サツマイモ餡を作る。
2 いったん火からおろし、アーモンドプードル、ハチミツを加えて練る。
3 中力粉、トウモロコシ粉、オレンジの皮のすりおろしを加えて中弱火にかける。木べらで前後に混ぜ、鍋底が見えてきたら火を止める。ときほぐした卵を加え、よく混ぜ合わせる。
4 3を一晩休ませる。
5 4を1個20gに分割し、8×3cmの舟形に成形し、表面を平らにする。
6 表面にときほぐした卵黄を塗り、280℃のオーブンに1〜2分入れ、表面に焦げ目を作る。
7 オーブンから出したら、ぬれた布巾でサッとなで、ツヤを出す。
8 カラースプレーをのせる。
※ポルトガルのカラースプレーはさっと焼いてもとけないが、日本のものはとけてしまうので、本書のレシピでは焼きあがった後でのせている。

1 リスボン・バイシャ地区のクリスマス・イルミネーション　2 クリスマス菓子のソーニョシュ（→P198）。近年は家の中に油のにおいがつくことが敬遠され、菓子屋に注文する家庭が多い　3 ポルトガルのクリスマスの伝統的な食事　4 焼き栗が見られるのも、クリスマスをはさむ寒い時期　5 スイートポテトを彷彿とさせるブローアシュ・カステラール（→P65）もクリスマスにお目見えする

✣ COLUNA 1

キリスト教のお祝いに欠かせないポルトガルの菓子

　人口の約9割がカトリック教徒のポルトガルでは、キリスト教にまつわる菓子が少なくない。お祝いの日ごとにさまざまな菓子が登場するが、なかでも華やぎを見せるのは、クリスマスとイースターだ。

さまざまな菓子が登場するクリスマス

　クリスマスをポルトガルではナタールという。12月になると街中にクリスマスソングが流れ、イルミネーションが灯される。リスボンのコメルシオ広場では日没後にマッピングアートで人々を楽しませてくれ、心がウキウキする時期だ。

　ポルトガルの家庭にとってもナタールは、1年でもっとも重要なイベントである。子どもも大人も、菓子やプレゼントを楽しみに指折り数えてナタールを待つ。

　ナタール前夜の24日は、通常の職場は休みになる。繁忙日の菓子店やスーパーマーケットでも早い時間に閉店し、家族揃って伝統的な夕食をとるのだ。この日ばかりは友人を招いたりすることはあまりしない。食卓に登場するのは、大皿に盛られた塩抜きした干しダラ、ジャガイモ、ポルトガルのキャベツ、ゆで卵。ビネガーとオリーブオイルを各自が好みの量をかけて食べる。

　食後は皆でお菓子タイムだ。ボーロ・レイ（→P58）を中心に揚げ菓子、ドライフルーツ、プディン（→P172）やアローシュ・ドース（→P24）などのデザートが並ぶ。久しぶりに集合する家族でおしゃべりを楽しみながらポートワインとともに食べることが多い。

12月25日は国中が休みとなる

　24日夜11時を過ぎると、教会のミサへ行く人も少なくない。ミサが終わると、「よいクリスマスを!」と周囲の人たちと声を

かけ合い、家族や親戚とは頬を寄せ合って抱擁しながらあいさつをする。そしてイエス・キリストの坊やの人形の足にキスをして教会を出る。帰宅した頃にはすでに25日を迎えており、クリスマスプレゼントを開けて盛り上がる。また食べて喋って、ようやく就寝となる。

25日のナタールは祝日であり、誰もが休む日となる。行きつけのカフェも閉まっているが、昼食後のほんの数時間だけコーヒーマシンの電源を入れて、営業するところもある。翌日の26日には大人たちは仕事に戻る。年明けの1月6日の王様の日までクリスマス期間は続くので、その間、菓子がなくなれば補充を繰り返す。

春の訪れを告げるイースター

イースターは日本語で復活祭。ポルトガル語では、パシュコアと呼ぶ。イエス・キリストが死後3日目に復活したことを祝う日であり、ナタール同様にキリスト教の大切な祝日である。

パシュコアは、春分の日の後の満月の日から数えて最初の日曜日となる。聖金曜日、土曜日、そしてパシュコアの日曜日は3連休となるので、この連休を利用して、田舎に帰省する人が多い。宗教的にはパシュコアのほうが重要な行事だが、実は、都会で忙しく生きるポルトガル人らは、ナタールほどは重要視していない。

パシュコアの菓子といえばパォンデロー（→P140）とフォラール（→P104）だ。小さな砂糖菓子をプレゼントする習慣もあり、もともとはミラノタイプと呼ばれるイボイボをまとったコンフェイトシュ（→P72）をプレゼントしていたが、いつの頃からかフランスの砂糖菓子ドラジェがポルトガル全土で売られるようになり、こちらは主流となった。

とはいえ、アーモンドの栽培が盛んなポルトガル北部ではイボイボが愛らしいアーメンドア・コベルタ（砂糖衣かけアーモンド）やシナモン入りのソブレメザ・デ・アーメンドア（シナモン入り砂糖衣かけアーモンド）が作られ続けている。

6 見た目もクリスマスらしいボーロ・レイ（→P58）　**7** 再生のシンボル、卵をおいたフォラール（→P104）はイースターならではの菓子　**8** 色鮮やかなコインブラのコンフェイトシュ（→P72）　**9** イースターの3日間に登場する、揚げ菓子のフィリョーシュ（→P88）　**10** イースターの頃のミーニョ地方。咲き始める花々が春の訪れを告げる

67

カラコイッシュ

CARACÓIS

カタツムリの形をした甘いパン菓子

●カテゴリー：発酵菓子 ●シチュエーション：ティータイム、朝食 ●構成：ブリオッシュ生地＋カスタードクリーム＋ドライフルーツ

カラコイッシュとは"カタツムリ"という意味。渦を巻いた形状がカタツムリを連想させることが名前の由来だ。ブリオッシュ生地にカスタードクリームとドライフルーツや砂糖漬けのフルーツを巻き込んで焼き上げたものである。日本の菓子パンに該当するイースト菓子で、フランスのパン・オ・レザンのようなもの、といえばわかりやすいかもしれない。

ポルトガルではカフェに必ずおいてあり、朝食かおやつに食べる。カラコイッシュをカフェのショーケースの中の数ある菓子のなかから選ぶときの決め手は、カラフルさ。カラコイッシュの赤や緑のドレンチェリーやカボチャの砂糖漬け、深い紫のレーズン、レモンやオレンジのピールは目を引き、つい選んでしまうのだ。

食べるときはそのまま口に入れて、がぶりとかぶりつく。そうするとまた切り口にカラフルなドライフルーツが顔を出す。くるくる巻きの生地を手でほどきながら食べるのも楽しい。飲み物はやはり、ポルトガルのカフェの定番、コップ入りカフェラテのガラオンかメイア・デ・レイテ（シンプルなカフェラテ）と合わせる。

子どもに親が選ぶカフェの菓子は、ボーロ・デ・アローシュ（→P44）のような着色料が入っていない安全そうなものになりがちだ。しかし、自我に目覚めた子どもはカラフルなものに惹かれる。

カラフルなドライフルーツは1年で一番楽しい日のクリスマスの代表菓子、ボーロ・レイ（→P58）の上にもたくさんのっているためか、ドライフルーツ好きな子どもも多い。カラコイッシュはそんな子供心や子どもの心をもった大人をくすぐる菓子なのである。

カラコイッシュ（直径8cmの渦巻き20個分）

材料
ブリオッシュ生地（→P139）…… 850g
ミックスドライフルーツ …… 300g
バター …… 60g
カスタードクリーム
　卵黄 …… 2個分
　グラニュー糖 …… 36g
　コーンスターチ …… 16g
　牛乳 …… 200ml
　バター …… 10g
　ラム酒 …… 8ml
　バニラエッセンス …… 数滴
とき卵 …… 2個分

作り方
1　1次発酵させたブリオッシュ生地を長方形にのばし、室温でやわらかくしたバターを塗り、三つ折りにする。冷蔵庫で15分休ませる。
2　カスタードクリームを作る。ボウルに卵黄、グラニュー糖、コーンスターチを入れ、泡立て器で混ぜる。牛乳20mlを加える。
3　残りの180mlの牛乳を鍋に入れ、火をかける。鍋のふちが沸騰したら2に混ぜ、鍋にこしながら戻す。
4　泡立て器で前後にかき混ぜながら炊く。ふつふつと沸騰しクリーム状になったら火からおろし、バター、ラム酒、バニラエッセンスを加えて混ぜる。
5　ボウルに移し、カスタードクリームの表面にピタッとラップをして冷凍庫に40〜60分入れる。冷蔵庫へ移す。
6　1を縦25cm×横35cmにのばしてカスタードクリームを塗り、ミックスドライフルーツをまんべんなく散らして、手前からくるくると巻く。
7　6を厚さ1.5cmにカットし、切り口を上にして天板に並べる。1.2倍ぐらいになるまで、40分最終発酵させる。
8　表面にとき卵をぬり、200℃のオーブンで12分焼く。

カスターニャシュ・デ・オヴォシュ

CASTANHAS DE OVOS

栗の形をした小さな甘い幸せ

●カテゴリー：練り菓子 ●シチュエーション：ティータイム、祝い菓子 ●エリア：ヴィゼウ、ベイラアルタ地方
●構成：卵黄＋砂糖＋水

カスターニャシュ・デ・オヴォシュは直訳すると、"卵の栗"という意味。伝統的な卵黄のクリーム、ドース・デ・オヴォシュ（→P216）をもう少し煮詰めてしっかりした卵黄のクリームを作り、小さな栗の形に成形したのが、この菓子だ。表面に卵黄を塗って、焦げ目をつけて愛らしく仕上げる。"栗"という名はついているものの、栗は入っていない。

ヴィゼウを代表する手みやげとして知られ、ルーツはこの地にあるサン・ベント修道院。修道女たちによって作られ始められたのが始まりだ。

カスターニャシュ・デ・オヴォシュのモチーフである栗は、12世紀、農業王と呼ばれたデニシュ王の命令でポルトガル中に植林された。コロンブスがアメリカ大陸からジャガイモをヨーロッパにもち帰る以前のことだ。ジャガイモが一般の人に広がるまで、栗はポルトガルの人々の飢えを防ぎ、命を支えるための大事な食糧だったのだ。

ご存知のように栗は秋が収穫期。通年食べられるよう、乾燥させて保存し、食べる前に水で戻してから調理していた。その名残りか、この地方の郷土料理には栗のスープがある。

おそらく、サン・ベント修道院の修道女たちは、身近にあった栗に感謝と愛情を込めて菓子のモチーフにしたのであろう。小さな栗を忠実に形どったものが主流だが、球状に丸めて赤いドレンチェリーやアーモンドをのせたタイプも作られている。

現在のカスターニャシュ・デ・オヴォシュは、ヴィゼウやその近郊の地方だけでなく、リスボンをはじめ全国の菓子屋で作られている。ポルトガル人の人生におけるハレの日、結婚式や洗礼式には必ず登場する。逆にいうと、日常的に食べられることはほとんどない高値の菓子である。

アロウカという街の修道院では、カスターニャシュ・デ・オヴォシュにアーモンドを加えた同名の菓子が作られた。これは、栗ではなく俵形に成形し、表面をあぶって焦げ目をつけた菓子である。

カスターニャシュ・デ・オヴォシュ（19個分）

材料
卵黄 …… 10個分＋1個分
グラニュー糖 …… 125g
水 …… 65mℓ

作り方
1 鍋にグラニュー糖と水を入れ、108℃まで熱する。そのまま少し冷ます。
2 卵黄10個分をときほぐし、裏ごしする。やや冷めた1を少しずつ入れ、混ぜ合わせる。
3 2を鍋に入れ、木べらを前後に動かしながら弱火で煮る。
4 鍋の底が見え鍋から離れるようになったら、バットに移し、1晩冷ます。
5 生地を20gずつ分割し栗の形、または俵形に成形する。卵黄1個分をとき、はけで塗り、ガスバーナーで焼き色をつける。
※竹串などを使い、筋を入れたりしてもよい。

コンフェイトシュ
CONFEITOS

ハレの場に欠かせない、小さな砂糖菓子

●カテゴリー：砂糖菓子 ●シチュエーション：祝い菓子 ●構成：砂糖＋水＋シード

日本の金平糖がポルトガルから来ていることを知っている人は多いだろう。しかし、透明感のある色とりどりの球形に小さなツノがついた金平糖は日本に渡って来て独自の進化を遂げたものだ。

ではオリジナルであるポルトガルのコンフェイトシュはどんなものかというと、透明ではなく、結晶化した砂糖にイボイボがついたもの。なかにはきれいな色で仕上げ、京都の五色豆を思わせるルックスのものもある。

見た目の違いもさることながら、コンフェイトシュと金平糖にはもうひとつ大きな違いがあり、コンフェイトシュは芯にシードを使うのだ。決まったシードがあるわけではないが、コリアンダーシードやアニスシードのことが多い。フェンネルシードが使われることもある。

コンフェイトシュは現在のポルトガルではよく見る菓子ではなくなってしまったが、ハレの場に欠かせないことに変わりはない。その筆頭がイースターである。この時期にはコンフェイトシュが菓子屋に並ぶが、近年ではアーモンドに糖衣がけをして、ピンクや水色のつるりとした表面をもつフランスのドラジェが売られることも少なくないようだ。都市部では、ドラジェしか知らない人もいるかもしれない。

今ではその習慣は薄れてしまったが、結婚式や洗礼式でも食べられていた。洗礼を行う赤ん坊の親が、教会に集まった子どもたちにコンフェイトシュを配っていたのだ。

かつては祭りの食事の間に青年たちが少女たちにコンフェイトシュを投げていたという。この習慣は現在もポルトガル本土に残っており、それは結婚式で見られる。もっともコンフェイトシュはキャンディに姿を変えてしまったが、ごちそうが並べられたテーブルにキャンディがところどころにおかれているのだ。そのキャンディを新郎新婦に幸せになって欲しい願いを込めて軽く投げるのだ。時代は移り、変化はあれど、コンフェイトシュはお祝いの場を彩る小菓子なのだ。

コンフェイトシュ（作りやすい分量）

材料
グラニュー糖 …… 200g
水 …… 200㎖
コリアンダーシード（またはアニスシード）
…… 大さじ1

作り方
1 鍋にグラニュー糖と水を入れて火にかけ、沸騰したら火からおろす。
2 鍋（またはテフロンのフライパン）にコリアンダーシードを入れて弱火にかけ、少し色づき始めたら火を止める。
3 2に1のシロップ小さじ2を入れてごく弱火にかけ、沸騰したら火からおろし、竹串10本をゴムでまとめたものでかき混ぜる。シロップが白い粉のようになればよい。ならない場合はもう一度弱火にかける。
4 鍋が冷めたら、3を繰り返す。50回繰り返すと金平糖らしいものになる。100回を目標に、最低でも1週間は続けて毎日30分程度作業を行う。

コルヌコピア

CORNUCÓPIA

コルネの形が印象的な修道院菓子

●カテゴリー：揚げ菓子 ●シチュエーション：ティータイム、デザート ●エリア：アルコバッサ
●構成：小麦粉＋バター＋水＋揚げ油＋オヴォシュ・モーレシュ

アルコバッサのサンタ・マリア修道院生まれの菓子。独特のコルネ形はヤギの角で作った花瓶を模したと考えられる。ヤギの角は富や多産を意味する縁起のよいものだ。

薄くのばした生地をコルネ型に巻きつけて油で揚げる菓子で、うまく作るにはポイントがある。コルネ型の円錐状の先に穴があかないようにしっかりと巻きつけること、また揚げる際に生地が広がらないように、端が下にくるように押さえながら揚げることだ。きつね色に揚がったコルヌコピアに、卵黄のクリームのオヴォシュ・モーレシュを絞り入れるのが、ポルトガルらしい。

ここまではアルコバッサ発祥のコルヌコピアだが、アソーレシュ諸島にも同じ名前の伝統菓子がある。中のクリームも同じ、グラニュー糖をたっぷりと入れた深い器に入れて立たせる置き方も同じで、コルヌコピア自体もアルコバッサのものに似ているが、生地に大きな違いがある。

アルコバッサのものは、型に生地を巻いて油で揚げるのに対し、アソーレス諸島のものは型に生地を巻きつけた後にアーモンドプードルとパン粉を合わせたものをまぶし、オーブンで焼く。

このように2つの大変似た菓子が、なぜこんなにも離れた場所で作られていたか、不思議に思うかもしれないが、修道院のあり方を知ると納得がいく。

修道院は宿泊施設であり、学問所であり、病院でもあったため、別の修道院の修道士たちが学問を教えるために赴任したり、疫病が流行ればお互いに助け合ったりしていた。現在のように情報伝播の手段が発達していない時代、修道院の人の交流の際にいろんな分野のさまざまな情報が伝えられた。菓子のレシピもそのひとつであった。

コルヌコピア（8本分）

材料
中力粉 …… 250g
塩 …… ひとつまみ
バター …… 30g
水 …… 125mℓ
揚げ油（サラダ油）…… 適量
オヴォシュ・モーレシュ
　グラニュー糖 …… 250g
　水 …… 150mℓ
　卵黄 …… 6個分

作り方
1 オヴォシュ・モーレシュを作る。鍋にグラニュー糖と水を入れて火にかけて、沸騰させる。沸騰したら弱火にして30秒そのままにして、火からおろす。
2 1と卵黄を混ぜ合わせ、弱火にかける。周辺がプツプツと煮えてきたら、火からおろす。
3 中力粉、塩、バターを合わせ、水を少しずつ加えて混ぜ合わせる。やわらかでなめらかな生地になったらラップに包み、30分休ませる。
4 3の生地をできるだけ薄くのばし、1.5×30cmにカットして、コルネ型に巻きつける。
5 180℃の揚げ油で、濃いめのきつね色になるまで揚げる。
6 5が冷めたらオヴォシュ・モーレシュを詰める。
※仕上げにシナモンをふってもよい。
※ブランデーグラスの半分くらいまでにグラニュー糖を入れ、できあがったコルネコピアを刺すようにすると安定して置ける。グラニュー糖をまぶす効果もある。

コヴィレッテシュ
COVILHETES

パリパリの生地をまとったミートパイ

●カテゴリー：パイ ●シチュエーション：次昼食、ブランチ、スナック ●エリア：ヴィラ・レアル、ポルトガル北部
●構成：パイ生地＋牛肉のフィリング

帽子をかぶったように見える、牛肉入りの小さなパイ。ポルトガル北部に位置するヴィラ・レアルという街の名物だ。現在は金属製の型で焼かれているが、伝統的にはBisalhaes（ビサリャエンス）という黒い粘土で作られた地域の伝統的な陶器で焼かれていた。

小さいながらも、おいしさのための工夫が凝縮されたパイで、皮のパイ生地には、小麦粉と油脂としてバター、オリーブオイルと仔羊か牛の腎臓の脂肪を使う。手軽に作るなら、仔羊か牛の腎臓の脂肪は、ラードやほかの油脂で代用できるが、やはり本来の材料だと、旨味とコクが格段に違う。

この生地を、ポルトガル菓子の代名詞ともいえるパステル・デ・ナタ（→P164）の皮生地同様、パイ生地をのばしてくるくると巻き、切ったものを焼き型に沿わせるように広げる。

フィリングは、牛肉のミンチを生ハムやタマネギなどと一緒に煮たものだ。生ハムを入れるとはなかなか贅沢で、これだけでも充分においしいと思わせる。皮生地につめ、薄くのばした生地でフタをして、高温のオーブンで焼き上げる。

手間がかかるが、できあがりを頬張ると、その甲斐はあると納得できる。フィリングの材料は複合的ではあるものの、余計な味つけをせず、ごくシンプル。それゆえに、それぞれの素材の味が素直に味わえる。口当たりは軽く、サクッとしたパイ生地と相まって、いくつでも食べられそうなほどだ。ほかの国ではほとんどお目にかかれない、ライトなタイプのミートパイである。

ていねいに作られるものの、スナック感覚で食べられるのはうれしいところ。現地では一日を通して、軽食として、またはメインの食事としても食される。使い勝手のいい一品である。

コヴィレッテシュ（直径7cmのナタ型20個分）

材料
マッサ・フォリャーダ（→P214）…… 500g
フィリング
　牛挽き肉 …… 500g
　タマネギ（中）…… 1個
　生ハム …… 125g
　イタリアンパセリ
　　…… 1束（粗みじん切りで1/2カップ）
　オリーブオイル …… 大さじ1
　白ワイン …… 大さじ1
　塩 …… 小さじ1

作り方
1 フィリングを作る。鍋に牛挽き肉、みじん切りにしたタマネギと生ハム、粗みじん切りにしたパセリ、オリーブオイル、塩を入れる。ひたひたになる程度の水（分量外）を加えて火にかけ、沸騰してきたら白ワインを加えて弱火にして煮詰める。塩で味を調える。
2 バットに移し、冷めたらふたをして、冷蔵庫で1晩休ませる。
3 マッサ・フォリャーダを厚さ3mmにのばし、直径4cmの円筒状に巻く。厚さ2cmに切り、切り口を上にして型に敷く。
4 フィリングを35gずつ入れる。
5 3を厚さ5mmに切って、上にかぶせる生地を作る。
6 4に5をちょこんとのせ、240℃のオーブンで15分焼く。
※フィリングを作るときは水分を飛ばしすぎないようにする。

ドース・ダ・アヴォ

DOCE DA AVÓ

別名：ドース・ダ・カーザ/Doce da Casa

マリービスケットとクリームのやさしい組み合わせ

●カテゴリー：冷菓 ●シチュエーション：ティータイム、デザート
●構成：マリービスケット＋オヴォシュ・モーレシュ＋生クリーム＋卵白＋砂糖

"おばあちゃんの菓子"という何とも親しみやすい名前のこの菓子は、おそらく20世紀の半ばから作られたのではないかといわれていること以外、いつどこで誰が作り始めたのかなど、詳しいことはわかっていない。

砕いたマリービスケットに、オヴォシュ・モーレシュという卵黄クリームとメレンゲと生クリームとを合わせたものをのせたドース・ダ・アヴォは、ザクザクのビスケットの食感と、ふわり、とろりとやわらかいクリームとの組み合わせがベストマッチ。ほっと安心できるような趣があり、まさに"おばあちゃん"の温かさを想起させる味わいである

全国のカフェ、食堂、レストランで作られているデザートであり、家庭でも子どもたちのおやつやホームパーティーで登場する定番菓子だ。ポルトガルのケータリング会社の提案するデザートメニューにもなっていて、その国民的人気は疑いようがない。

マリービスケットを材料として使う菓子は、ポルトガルで散見される。代表的なものにはほかに、ボーロ・デ・ボラシャ（→P46）やサラミ・デ・ショコラーテ（→P192）があり、本書でも紹介している。コーヒーに浸したり、砕いたり、やり方は異なれど、どれも絶妙な使われ方をしていて興味深い。

ビスコイトシュ（ビスケット類）が古くから数多く存在するポルトガルにおいて、なぜマリービスケットが材料として頻繁に使われるのか、不思議に思わないでもないが、手作りにはできない均一されたサイズと主張のあまりない何にでもなじみそうなシンプルな味が使いやすいのが理由と推量される。

ポルトガルの菓子や料理は、なじみの薄い外部のものを積極的に取り入れて新しいものを生み出すというよりも、今あるものや今まであったものを少し違った角度から見て、考えて、作る傾向にあるようだ。ドース・ダ・アヴォなどマリービスケットを使う菓子も、ポルトガルのそういう側面を映し出したものかもしれない。

ドース・ダ・アヴォ（デザートグラス5個分）

材料

マリービスケット …… 8枚
生クリーム …… 250㎖
卵白 …… 1個分
グラニュー糖 …… 25g
オヴォシュ・モーレシュ
　グラニュー糖 …… 100g
　水 …… 50㎖
　卵黄 …… 6個分
アーモンドスライス（ロースト） …… 50g

作り方

1 オヴォシュ・モーレシュを作る。鍋にグラニュー糖と水を入れて中火にかけて、沸騰したら火からおろす。卵黄を混ぜ合わせて弱火にかけ、クリーム状になったら、火からおろす。

2 マリービスケットを細かく砕く。

3 卵白にグラニュー糖を加え、ピンと角が立つまで泡立てる。

4 生クリームをしっかり泡立て、3とよく混ぜ合わせる。

5 デザートグラスにマリービスケット、4のクリーム、1のオヴォシュ・モーレシュを層になるように順番に入れる。アーモンドスライスを飾り、冷蔵庫で充分に冷やす。

※食べるときは長いスプーンを使い、底からすくって全体を混ぜ合わせる。

エンパーダシュ・デ・フランゴ

EMPADAS DE FRANGO

アレンテージョ地方の極上チキンパイ

●カテゴリー：タルト ●シチュエーション：昼食、ブランチ、スナック ●エリア：アレンテージョ地方 ●構成：パイ生地＋鶏肉のフィリング

"empada"を辞書で引くと、"肉・魚などを練り粉に入れて焼いたパイ"と出てくる。とりわけエストレモースやレドンドのカフェで売られているものは、群を抜いたおいしさがある。

中に入れる具材（frango／フランゴ：若鶏、鶏、鴨、エビなど）のゆで汁をパイ生地を練る際の水分として使うので、生地そのものに旨味がある。インスタントの生地ではまず出せない、全体的な調和とコクがあるのはこのためだ。

具材もただ水でゆでるのではなく、chouriço（ショーリッソ：ポルトガルの燻製腸詰め）やクローブなどの香辛料と一緒に煮るようにしっかりゆでるので、ゆで汁、具ともに旨味がぎゅっと凝縮される。そうして火を通した具材をほぐし、味つけをして、たっぷりと生地に入れる。味つけの際のポイントは酢。鶏の脂分のくどさをカットする役割を果たしている。

同生地でフタをして旨味を閉じ込めたら、具材の鶏のパサつきを考慮し、小さな穴を表面に開けて注射器で鶏のゆで汁を注入。同じ生地でヒヨコ豆くらいの大きさに丸めて別に焼いておいた生地で栓をしてしっかりと焼き上げる。最後まで細かな作業が必要とされるスナックだ。

エンパーダシュ・デ・フランゴはカフェでのスナック、軽食または昼食としても食され、アレンテージョ地方に暮らす人に欠かせない一品である。小さく作って結婚式のおつまみとして提供されることもある。

エンパーダ・デ・フランゴ （直径7cm×深さ3cmのナタ型20個分）

材料

パイ生地
中力粉 …… 400g
塩 …… 2g
ラード …… 100g

フィリング
鶏肉 …… 1/2羽（約1.5kg）
ベーコン …… 75g
水 …… 1.5ℓ
塩 …… 8g
ワインビネガー …… 30㎖
カイエンヌペッパー（または黒コショウ）
…… 1g

作り方

1 フィリングを作る。鍋にベーコン、鶏肉、水を入れ、ふたをして弱火で煮る。沸騰してきたらふたを少しずらし、約2時間煮る。

2 鶏肉を肉と汁に分ける。肉はさわれる熱さになったら骨をとり、軟骨と鶏皮は細かく刻む。鶏肉とベーコンをほぐす。ゆで汁は冷めたら冷蔵庫に入れて、とっておく。

3 塩、ワインビネガー、カイエンヌペッパーを加えて味を調え、40gに分割し、冷蔵庫で一晩休ませる。

4 パイ生地を作る。中力粉、塩、ラードをミキサーに入れ、ざっくりと混ぜたら、鶏のゆで汁150〜180㎖を加える。残ったゆで汁は後で使うのでとっておく。

5 耳たぶぐらいのかたさになり、生地が手につかなくなったらまとめ、ラップなどで覆い、30分休ませる。厚さ2㎜にのばし、直径7cmの円形に抜き、型に沿ってのばす。

6 フィリングを入れ、生地を直径5cmの丸形で抜いてふたを作って5にのせる。フィリングがはみださないように上下の生地をねじり合わせ、形を整える。

7 230℃のオーブンで20分焼く。

8 余った生地でヒヨコ豆よりひと回り小さな球状に丸めたものを20個作り、230℃のオーブンで5〜6分焼く。

9 7の表面に小さい穴をあけ、鶏のゆで汁を5㎖入れ、8で栓をする。

エンシャルカーダ
ENCHARCADA

甘いシロップで卵とじを作ったかのよう

●カテゴリー：卵菓子 ●シチュエーション：デザート、祝い菓子 ●エリア：アレンテージョ地方
●構成：卵＋砂糖＋水

エンシャルカーダとは"水浸しのもの""べちゃべちゃにぬれたもの"という意味。そんな卵菓子ときくと、クリーミーなものを想像するが、食感はごわごわ。ぽつぽつしたかたまりがひっかかるようなところのある、しっかりと甘さのある卵黄菓子だ。

生まれたのは、アレンテージョ地方の修道院。このエリアには、修道院や城、宮殿を改装しホテルとなっているポウザーダという宿泊施設が点在しており、レストランも併設。地元の料理だけでなく、デザートもメニューにはあり、たいていのところでラインナップしているのが、このエンシャルカーダだ。

エンシャルカーダは鍋に濃いシロップを作り、卵と合わせて、エネルギッシュにフォークでかき混ぜながら、火を通して作る。最初はとろみのある液体が、もろもろとしてくる。これこそがエンシャルカーダ独特の食感となるのだ。卵、グラニュー糖、水。この3つのシンプルな材料で、分量や微妙な火加減を工夫し、優れたデザートを生み出した修道女たちは、菓子作りの名人であったと感嘆させられる。

できあがったエンシャルカーダは平皿に入れて冷まし、シナモンをふりかけて食べるのが定番。

好みで表面にローストしたアーモンドスライスや松の実をおくと、香りと食感のアクセントになる。フィオス・デ・オヴォシュ（→P94）をあしらって豪華にしてもいいだろう。

また、エンシャルカーダは、アレンテージョ地方の修道院生まれの菓子として知られるが、北部ブラガのサォン・マルテーニョ・デ・ティバインシュ修道院でも作られていた。

本書で紹介しているのはシンプルな材料で作るアレンテージョ地方ゆかりのエンシャルカーダだが、北部ブラガのサォン・マルテーニョ・デ・ティバインシュ修道院で作られていたエンシャルカーダは、リッチなもので、アーモンドプードル、ほぐしたパン、ポートワインが入る。

何かの縁でアレンテージョ地方のエンシャルカーダの作り方がブラガの修道院に伝授され、それがアレンジされたものかもしれない。というのも、アレンテージョ地方を発展させたような様相だからだ。ここでも、遠く離れていても修道院間の連絡や人の行き来はあり、そのたびに菓子のレシピも行き来していたであろうことが考えられる。

エンシャルカーダ（直径20㎝×深さ4〜5㎝の器1枚分）

材料
グラニュー糖 …… 250g
水 …… 125㎖
卵 …… 5個
卵黄 …… 5個分
シナモン …… 適量

作り方
1 鍋にグラニュー糖と水を入れて火にかけ、103℃に温める。
2 卵と卵黄を泡立てないようにして、しっかり混ぜ合わせる。
3 1に2を混ぜ合わせる。絶えずフォークで突きながら、ある程度かたさが出てきたら、皿に移す。
4 シナモンをたっぷりふる。
※フィオス・デ・オヴォシュ（→P94）で周りを飾ってもよい。

ファロフィアシュ

FARÓFIAS

ふわふわのメレンゲデザート

●カテゴリー：卵菓子 ●シチュエーション：デザート ●エリア：リスボン近郊 ●構成：卵＋牛乳＋砂糖

家庭でもレストランでも食べられるデザート菓子で、勘違いされやすいが、決して余った卵白を利用するために作り出された菓子ではない。

作られ始めたのは、18世紀頃でリスボン近郊の街ロレーのコンセイサォン修道院と考えられている。その当時は、"雲"を意味する"Nuvem（ヌーベン）"と呼ばれており、まさに雲を思わせるデザート菓子である。

ファロフィアシュは卵、牛乳、砂糖といった、いつも台所にある材料で簡単に作れるフランスのメレンゲデザート、ウ・ア・ラ・ネージュやイル・フロッタントのポルトガル版といったところで、ふわふわとしたメレンゲにゆるいカスタードソースが好相性。仕上げにシナモンをかけて、冷やして食べるのが、ポルトガル流だ。

現在のファロフィアシュは、リスボンのみならず全国で愛されているデザート菓子である。ポルトガルの人気レストランのシェフたちは「我こそがファロフィアシュ名人」と言わんばかりに、こぞって

このデザート菓子作りに情熱を注いでいる。

200年前に生まれたファロフィアシュだが、時代とともに進化を遂げ、才能あるシェフたちによって21世紀の表情をもつようにもなった。レモンで香りをつけた牛乳の中でメレンゲをゆでるプロセスを、鍋ではなく電子レンジやオーブンを使ったり、ソースもベーシックなカスタードソースではなく、スターアニスを加えてエキゾチックな香りに仕上げたりするものもみられる。伝統にこだわり、食に保守的な嗜好のポルトガル人にも変化が起きているようだ。

もちろん、一方で昔ながらのやり方を受け継ぐシェフもおり、伝統的なタイプもモダンなスタイルも共存しているのが、現在のポルトガルのファロフィアシュ事情である。

共通していえるのは、いずれのファロフィアシュも、甘くて香りの高いマデイラワインやポートワインによく合う、ということ。ポルトガルらしいお酒との組み合わせでよりおいしく味わいたい。

ファロフィアシュ（6人分）

材料
卵 …… 2個
牛乳 …… 400㎖＋30㎖
グラニュー糖 …… 45g＋45g
レモンの皮のすりおろし
 …… 1/2〜1個分
レモンの皮 …… 1/2個分
コーンスターチ …… 4g
シナモン …… 少量

作り方
1 卵を卵白と卵黄に分け、卵白を泡立てる。グラニュー糖45gを加え、ピンと角が立つまでになったら、レモンの皮のすりおろしを加える。
2 鍋に牛乳400㎖、グラニュー糖45g、レモンの皮を入れて、中火にかける。沸騰したら火からおろし、レモンの皮をとり除く。少し冷まし、弱火で60℃を保つ。
3 2に1のメレンゲをテーブルスプーンですくって入れ、20秒そのままにし、裏返して15秒そのままにして火を通す。器にとり出す。
4 鍋に卵黄とコーンスターチ、牛乳30㎖を加え、よく混ぜる。
5 4に2を裏ごして合わせて、少しとろみがつくまで火にかける。
6 5を3のメレンゲの入った器に流しかけ、シナモンをふり、冷蔵庫で冷やす。

ファルトゥーラシュ
FARTURAS

ポルトガル人にとって子どもの頃を思い出させる

●カテゴリー：揚げ菓子 ●シチュエーション：屋台菓子、スナック ●構成：小麦粉＋塩＋重曹＋揚げ油

ファルトゥーラシュは、いつ、どこで、誰が作り始めたのか不明の揚げ菓子である。わかっているのは19世紀末から20世紀始めにスペインから入ってきた菓子で、あっという間にポルトガル全土に広まったということだ。

ポルトガルを代表する揚げ菓子に、フィリョーシュ（→P88）がある。これはクリスマスやカーニバルなど特別なときの菓子で普段食べることはほとんどない。ポルトガルでは、どんな田舎でも祭りの際に簡易の移動遊園地ができ、屋台が立つ。そこで売られる揚げ菓子がファルトゥーラシュなのだ。

ファルトゥーラシュの屋台はコンテナで登場し、明るく派手なネオンがいっぱいつけられているので、遠くからでもすぐにわかる。内装は簡易の棚にはサラダ油の瓶がいっぱい並べられ、洗い場、揚げ場が設置されている。トラックを運転していた男が白い帽子をかぶり白いエプロンをつけると、ファルトゥーラシュ作りが始まる合図だ。

直径80㎝はあるであろう大きな鍋にサラダ油をたっぷりと入れ、熱したところに、白みを帯びたかための生地を大きなステンレスのシリンダーに入れて、小脇に抱える恰好で一気に絞り出す。体全体を動かしながら、鍋の中央から外に向かってくるりと渦巻き状に絞り出す鮮やかな身のこなしは、見ていて飽きない。

ときどき生地に火が通っているかどうかをフォークを突き刺したりして確認し、やがて巨大な2本のフォークを使ってファルトゥーラシュをひっくり返す。きれいなきつね色になり中まで火が通っていることを確認するとフォークを両サイドから入れて持ち上げ、油をしっかり切る。次にハサミで15～20㎝ほどにカットして砂糖をまぶし、くるりと紙をまいてお客さんに手渡す。

熱々のファルトゥーラシュは、寒い季節には冷えた体を温めてくれ、よりいっそうおいしさを感じさせる。コインを握りしめて、ファルトゥーラシュが揚がるのを待っていた子どもの頃の思い出をもつポルトガル人は少なくない。

ファルトゥーラシュ（8～10個分）

材料
中力粉 …… 500g
ベーキングパウダー …… 小さじ1
重曹 …… 小さじ1
塩 …… 小さじ1
ぬるま湯 …… 400㎖
揚げ油（サラダ油） …… 適量
シナモンシュガー …… 適量

作り方
1 中力粉、ベーキングパウダー、重曹、塩を合わせてふるう。
2 1の真ん中をくぼませ、ぬるま湯を少しずつ入れる。木べらで混ぜ合わせ、1時間休ませる。
3 大きな鍋にたっぷりのサラダ油を入れ、170℃に熱する。
4 3の生地を、大きな星型の口金をつけた絞り袋に入れ、内側から外に渦巻きを描くように油の中に生地を絞り入れる。途中で裏返す。
5 油を切り、約20㎝の長さにハサミで切る。シナモンシュガーをまぶす。

フィリョーシュ・デ・フォルマ

FILHÓS DE FORMA

別名：フィリョーシュ・デ・フローレ／Filhós de Flor

キリスト教の祭りでおなじみ。型につけて揚げる菓子

●カテゴリー：揚げ菓子 ●シチュエーション：祝い菓子 ●構成：小麦粉＋砂糖＋卵＋牛乳＋揚げ油

　フィリョーシュは、キリスト教の大切な行事であるクリスマスやカーニバルには欠かせない揚げ菓子で、いくつかの種類がある。文献によると15世紀末〜16世紀にはすでに作られていたとのことだが、発祥場所もその時期も今のところ詳しくわかっていない。

　フィリョーシュのひとつ、フィリョーシュ・デ・フォルマの"フォルマ"は"型"という意味で、ゆるく作った生地を揚げ型につけて揚げるタイプのものだ。

　広く人気のあるフィリョーシュで、菓子屋で作られるだけでなく、簡単にでき、作業する場所も時間も少なくてすむことから、家庭でも作りやすい。ゆるい生地を揚げ型につけて揚げるので、できあがりは薄く、もろい。味はシンプルなクラッカーに似ており、パリッとした食感が心地よい。

　揚げ型にはさまざまな種類があり、四角や丸を

ベースに、花びらや蝶、幾何学模様をデザインしたものがある。型選びも楽しみのひとつだ。ちなみに揚げ型は、かつては鉄製であったが、現在はアルミ製の鋳物である。

　全国で広く作られているフィリョーシュ・デ・フォルマだが、北の地方で登場するのはクリスマスの時期のみ。一方、アレンテージョ地方では、カーニバルの前の木曜日に揚げる習慣がある。いずれもキリスト教の大切な祭りの祝い菓子ではあるが、その根づき方はエリアによって異なる。

　中世の時代、ポルトガルのみならず、ローマ・カトリックの影響下にあったヨーロッパ諸国では、揚げ菓子は普及していなかった。キリスト教の祝い菓子に揚げ物が多いのは、当時、揚げ菓子がたいへんなご馳走だったからであろう。

フィリョーシュ・デ・フォルマ（直径9cm×厚さ2cmの型10個分）

材料
中力粉 …… 125g
ベーキングパウダー …… ひとつまみ
塩 …… 2g
シナモン …… …2g
卵 …… 3個
牛乳 …… 125mℓ
アグアルデンテ …… 15mℓ
揚げ油（サラダ油）…… 適量
グラニュー糖 …… 適量

作り方
1　牛乳、卵、アグアルデンテを混ぜ合わせる。
2　中力粉、ベーキングパウダー、塩、シナモンを合わせてふるう。
3　1に2を少しずつ加え、混ぜ合わせる。
4　サラダ油を180℃に熱し、型だけをサラダ油に浸す。
5　型のサラダ油を切り、生地を8分目までつけて揚げる。
6　グラニュー糖をまぶす。
※仕上げにグラニュー糖ではなく、ハチミツをかけてもよい。

FILHÓS' VARIATION 1

フィリョーシュ・エンロラーダ
FILHÓS ENROLADA

クルクルと巻いた形が
いかにも楽しそう

●カテゴリー：揚げ菓子 ●シチュエーション：ティータイム、祝い菓子（カーニバル）●エリア：アレンテージョ地方 ●構成：小麦粉＋バター＋砂糖＋卵＋アグアルデンテ＋シロップ

　いろんな種類のフィリョーシュがあるなかでいちばん甘いのが、クルクルと巻いて揚げたフィリョーシュにシロップをかける、この菓子だ。フィリョーシュ自体はサクっとしながら、シロップのねっとりとした甘みが舌に残る。カーニバル以外でも、アレンテージョ地方やリスボン近郊の青空市や市場の菓子屋で出会うこともある。シロップに使うハチミツにより、味の表情が変わるので、自分で作るときは好みのものを。

フィリョーシュ・エンロラーダ
（25個分）

材料

中力粉 …… 500g
卵 …… 3個
グラニュー糖 …… 大さじ1
とかしバター …… 15g
アグアルデンテ …… 50㎖
揚げ油（サラダ油）
　　…… 適量

シロップ
グラニュー糖 …… 800g
水 …… 2ℓ
ハチミツ …… 100g
レモンの皮 …… 1個分
シナモンスティック
　　…… 1本

作り方

1　卵、グラニュー糖、とかしバター、アグアルデンテを混ぜ合わせる。
2　中力粉は100gほどとっておき、1と合わせる。とっておいた中力粉を加えながら、耳たぶくらいのかたさの生地を作る。ラップに包み、常温で2時間休ませる。
3　シロップを作る。鍋にすべての材料を入れ、煮立たせる。煮立ったらレモンの皮、シナモンスティックをとり除く。
4　2の生地を厚さ1.5～2㎜にのばし、20×5㎝の帯に切る。
5　フライパンにサラダ油を入れ、180℃に熱する。
6　フォークの先に生地を少し巻きつけ、もう片方の手で生地の端を持ち、生地を巻きながら揚げ油に入れ、きつね色になるまで揚げる。
7　3のシロップを沸騰させ、6をさっとくぐらせる。

FILHÓS' VARIATION 2

フィリョーシュ・テンディーダシュ・ノ・ジョエリョ
FILHÓS TENDIDAS NO JOELHO

ドーナッツを思わせる味わい

- カテゴリー：揚げ菓子 ● シチュエーション：祝い菓子
- エリア：ベイラ地方
- 構成：小麦粉＋オリーブオイル＋砂糖＋卵＋オレンジの搾り汁＋イースト＋揚げ油

　菓子名は"膝の上でのばしたフィリョーシュ"の意味。生地の真ん中が薄くなるように手でのばして成形するが、そのとき膝の形にそって生地をのばすとうまくできるので、この名がついた。伝統的には、12月23日に生地を作り、24日に準備をし、クリスマス当日の25日に揚げて、クライマックスを迎える。かつては揚げ油はオリーブオイルが使用され、裕福な家では近所の人や友人におすそ分けする分も含め、たくさんのフィリョーシュが作られていた。

フィリョーシュ・テンディーダシュ・ノ・ジョエリョ
（20個分）

材料

中力粉 …… 500g	生イースト …… 25g
オリーブオイル …… 50g	ぬるま湯 …… 50ml
グラニュー糖 …… 50g	揚げ油（サラダ油）
卵 …… 3個	…… 適量
牛乳 …… 150ml	シナモンシュガー
オレンジの搾り汁	…… 適量
…… 1個分（50ml）	
アグアルデンテ …… 15ml	

作り方

1. 生イーストをぬるま湯でとく。
2. 卵、グラニュー糖、牛乳、オリーブオイル、オレンジの搾り汁、アグアルデンテを混ぜ合わせる。
3. 中力粉をふるい、2を合わせる。ざっくりと混ぜたら1を加えてこねる。
4. 生地が手につかなくなり、なめらかになったら、暖かい場所で1時間、約2倍の大きさになるまで発酵させる。表面が乾燥しないように布巾などで覆う。
5. 生地を少しずつちぎり、手にオリーブオイル（分量外）をつけて直径10cmほどの円や楕円に薄くのばす。生地の真ん中は特に薄くのばす。
6. 180℃のサラダ油できつね色になるまで揚げる。
7. シナモンシュガーをまぶす。

FILHÓS' VARIATION 3

コシュコロインシュ

COSCORÕENS

エリアによりイースト入りとなしがある

●カテゴリー：揚げ菓子 ●シチュエーション：祝い菓子 ●構成：小麦粉＋ラード＋砂糖＋卵＋＋揚げ油＋シナモン

慣れないと舌をかみそうになる、かわいらしい名前をもつこの菓子はフィリョーシュ（→P88）の一種である。

コシュコロインシュの定義はエリアによって異なり、型揚げのフィリョーシュをベイラ・バイシャ地方ではコシュコロインシュと呼ぶ。アレンテージョの古い修道院のレシピにはイースト生地のコシュコロインシュとイーストを入れないコシュコロインシュがある。リスボン近郊ではフィリョーシュはイースト生地のものを指し、イーストが入らない薄揚げをコシュコロインシュと呼ぶ。

本書で紹介するのはイーストの入らない薄揚げタイプである。このフィリョーシュの起源は、ムーア人が作ったアラブの菓子だったと考えられている。十字軍の遠征によって中世にヨーロッパに持ち込まれて広まり、ポルトガルではクリスマス菓子

として定着した。日本にもキリスト教とともに伝えられたが、根づくことはなかった。しかし、江戸時代に記された『南蛮料理書』では「こすくらん」としてその名が残っている。

コシュコロインシュは、イーストが入らないせいもあって日持ちがよく、十字軍が長旅を乗り越えるのに重宝したようだ。塩やハチミツと一緒に摂取していたことは、体力の維持にもつながったのであろう。

現在、アレンテージョ地方、バイラ・バイシャ地方、トラス・オス・モンテス地方で欠かせないクリスマス菓子のひとつであるコシュコロインシュは、時期になるとどこのカフェや菓子屋でも売られる。家でも作られ、すると売り物と違って大きさや形が揃っていなかったりするが、それはそれで趣がある。

コシュコロインシュ（16枚分）

材料

中力粉 …… 500g
ベーキングパウダー …… 小さじ1
シナモン …… 小さじ1
グラニュー糖 …… 大さじ3
ラード …… 60g
卵 …… 2個
オレンジの搾り汁 …… 2個分（100㎖）
アグアルデンテ …… 50㎖
揚げ油（サラダ油）…… 適量

作り方

1 ボウルにふるった中力粉、ベーキングパウダー、シナモン、グラニュー糖を入れ、真ん中をくぼませ、とかしたラード、ときほぐした卵、オレンジの搾り汁、アグアルデンテを入れて、よく混ぜる。
2 生地を手につかなくなり、耳たぶのかたさになるまで、30分こねる。
3 2にぬれ布巾をかけ、30分〜1時間休ませる。
4 生地を少しずつ切り、麺棒で厚さ1〜2㎜にのばす。大人の手の大きさほどの三角形や長方形に切り、パイカッターで切れ目を入れる。
5 180℃のサラダ油できつね色になるまで揚げる。
　※アグアルデンテはホワイトラムで代用可。
　※生地がやわらかすぎるようであれば粉（分量外）を加え、かためならばオレンジの搾り汁を加えて、調整する。
　※仕上げにシナモンシュガーをまぶしてもよい。

フィオス・デ・オヴォシュ
FIOS DE OVOS

日本の鶏卵素麺のオリジナル

●カテゴリー：卵菓子 ●シチュエーション：デザート、祝い菓子 ●構成：卵＋砂糖＋水

　鶏卵素麺とは、といて裏ごしした卵黄液を沸騰したシロップの中に入れ、かたまったものを引き上げて細く束ねた、江戸時代から福岡に伝わる南蛮菓子である。素麺というように細い糸のような形状をし、ねっとりとした光沢と輝く黄金色を放つ。

　南蛮菓子のひとつに数えられるように、鶏卵素麺のルーツはポルトガル。この国では、フィオス・デ・オヴォシュと呼ばれ、伝統菓子のなかでももっとも古いもののひとつである。ポルトガルの大航海時代に、貿易とともにアジア各地にも伝播された世界的なポルトガルのオリジナル菓子だ。インドやタイにもよく似た菓子がある。

　日本では鶏卵素麺、または卵素麺と呼ばれるが、日本のそれは"そうめん"というより"冷や麦"で、ポルトガルのフィオス・デ・オヴォシュは"そうめん"よりもいっそう細く"糸"を連想させるものだ。

　また作り方にも違いが見られる。日本のものは穴のあいた筒状のものに卵黄液を入れ、煮立ったシロップの表面から10〜20㎝ぐらい上でその筒を前後に動かし、卵黄液を流し込む。しばらくして、シロップの表面に冷や麦状の煮えた卵黄が現われ、それを直接スノコの上におき、しばらくそのままでほおっておくと、シロップのグラニュー糖が結晶化してかたまる。それを切り分けていただく。特にお茶席で使われる高級菓子である。

（次ページに続く）

できあがったばかりのフィオス・デ・オヴォシュ

細い注ぎ口が複数ついた、フィオス・デ・オヴォシュ専用のじょうご

フィオス・デ・オヴォシュ（作りやすい分量）

材料
卵黄 …… 15個分
卵 …… ½個
グラニュー糖 …… 500g
水 …… 250㎖＋25㎖

作り方
1　卵黄と卵を混ぜ合わせ、3回裏ごす。ラップをして1〜2時間休ませる。
2　鍋に水250㎖とグラニュー糖を入れて煮立てる。
3　水25㎖に1を小さじ1〜2ほど混ぜる。煮立っているシロップの中に回しながら入れる。白い泡がシロップの表面に立ってくるのを確認する。
4　鍋からシロップがふきこぼれないよう火力を調整しながら、弧を描くように回しながら1を入れる。
5　かたまった卵液を取り出し、水にくぐらせ、網にとる。
　※水にくぐらせたら、あまり長くおかないこと。長く水につけると白っぽくなる。

FIOS DE OVOS

　一方ポルトガルのフィオス・デ・オヴォシュは煮立ったシロップの中に、funil（フニル）と呼ばれる専用のじょうごを高い位置から弧を描くように卵黄液を落としていき、そうめん状になった卵黄を網ですくい上げ、いったん氷水にサッとくぐらせ、網の上に上げるとできあがる。

　昔はフィオス・デ・オヴォシュを作るとき、専用のじょうごなどなかったので、卵のカラに穴をあけて使っていたそうだ。1本ずつしか作れない、まさに"卵の糸"を大事に1本1本作る感覚である。

　フィオス・デ・オヴォシュは、これ自体で完成した菓子であるとともに、ほか菓子の素材としても使われる。次のページからはそんな菓子3種を紹介する。

卵と卵黄を裏ごしする

シロップの鍋からフィオス・デ・オヴォシュを取り出す

銅鍋でシロップを煮る

氷で冷やした薄いシロップに入れる

卵黄液をシロップに落とす

ザルに上げて水気を切る

FIOS DE OVOS' VARIATION 1

ドゥシェーズシュ
DUCHESES

フィオス・デ・オヴォシュを飾る
ポルトガル版"エクレア"

- ●カテゴリー：シュー菓子
- ●シチュエーション：ティータイム
- ●構成：シュー生地＋シャンテリー＋フィオス・デ・オヴォシュ

"ドゥシューズシュ"とはフランス語で公爵夫人の意味。フランス人のアントナン・カレーム（1784-1833）によって考案された"エクレール（エクレア）"をルーツとし、ナポレオン戦争によりポルトガルに持ち込まれたもののひとつと考えられる。ポルトガルでは"ドゥケーザ"と読むが、菓子の名としてはフランス語のまま使われている。シュー生地の中身はカスタードクリームとシャンテリー。たっぷりのフィオス・デ・オヴォシュ（→P94）で飾る。

ドゥシェーズシュ
（36個分）

材料
薄力粉 …… 160g	シャンテリー
バター …… 150g	生クリーム …… 500㎖
塩 …… 5g	グラニュー糖 …… 30g
卵 …… 6〜7個	トッピングシュガー
水 …… 260㎖	…… 適量
カスタードクリーム	フィオス・デ・オヴォシュ
…… 1200g	（→P94）…… 適量

作り方
1. 鍋に水、バター、塩を入れ、弱火でしっかり沸騰させ、混ぜ合わせる。薄力粉を入れ、ひとかたまりになるまで木べらで混ぜる。卵を1個ずつ入れながら混ぜる。
2. 星口金をつけた絞り袋で、天板に長さ10㎝に絞り出す。軽く霧吹きをし、190℃のオーブンで30分、天板の前後を入れ替えて4分焼く。
3. 焼き上がったシュー生地の上1/3を包丁でカットし、下の部分は生地の中をくりぬく。上の部分は縦半分にカットしておく。
4. シャンテリーを作る。生クリームにグラニュー糖を加え、空気を含ませるように軽く泡立てる。星口金をつけた絞り袋に入れる。
5. 3の下の部分にカスタードクリームを入れ、シャンテリーを絞る。上の部分のシューをおき、トッピングシュガーをふり、フィオス・デ・オヴォシュを飾る。

FIOS DE OVOS' VARIATION 2

ドン・ロドリゴ
DOM RODRIGO

卵黄クリームと鶏卵素麺で包んだ小菓子

●カテゴリー：卵菓子　●シチュエーション：ティータイム、デザート　●エリア：アルガルヴェ地方　●構成：フィオス・デ・オヴォシュ＋ドース・デ・オヴォシュ＋アーモンドプードル＋カラメル

菓子名のドン・ロドリゴは、1755年11月1日に起こったリスボン大震災で被災した多くの人々の救済を積極的に行った貴族の名前。彼の貢献を讃えて、比較的被害の少なかったアルガルヴェ地方の修道女たちが、その地の名産であるアーモンドをふんだんに使った菓子を作った。それがこの地域の郷土菓子となったドン・ロドリゴである。

別の説もある。1754年4月1日に貴族であるドン・ロドリゴのアルガルベ地方州知事就任式のレセプションで、ラゴスのノッサ・セニョーラ・ド・カルモ修道院の修道女らによって考案された菓子を"ドン・ロドリゴ"と命名してプレゼントされたことが、この菓子の始まりだとするものだ。リスボン大地震による津波でラゴスも被災地となったので、この説の場合は、震災の前から作られていたということになる。

ドン・ロドリゴは、細く挽いたたっぷりのアーモンドと混ぜ合わせたドース・デ・オヴォシュ（→P216）にフィオス・デ・オヴォシュ（→P94）をまとわりつかせ、仕上げに濃いカラメルをからませて作る。そして、カラフルなアルミ箔に包むのが特徴だ。

現在はカラフルな包みで知られるドン・ロドリゴであるが、18世紀はガラスの脚つきの皿か陶磁器に盛りつけられていたという。招待客が持ち帰る際に、色つきの薄紙に包んでいたそうだ。

20世紀に入りアルミホイルが一般に普及すると、ドン・ロドリゴもアルミホイルに包むようになった。その後、チョコレートを包むための色つきのアルミ箔が出回るようになるとドン・ロドリゴも銀色一色ではなく、赤、緑、青、金色のカラフルな包み紙が使われ出し、現在にいたっている。

アルミ箔に包むのは見た目のきれいさだけでなく、味の面でも有効。甘い卵黄クリームの味にカラメルがしっとりとなじみ、ほろ苦さがアクセントの小菓子となる。

ドン・ロドリゴ（15個分）

材料
フィオス・デ・オヴォシュ（→P94）
　…… 150g
ドース・デ・オヴォシュ（→P216）
　…… 150g
アーモンドプードル（軽くローストしておく）
　…… 50g
カラメル
　グラニュー糖 …… 250g
　水 …… 50mℓ

作り方
1　ドース・デ・オヴォシュにアーモンドプードルを混ぜる。
2　フィオス・デ・オヴォシュ10gを手のひらに広げ、ドース・デ・オヴォシュ15gを真ん中にのせ、包み込んで丸める。
3　カラメルを作る。フライパンにグラニュー糖と水を入れ、ゆすりながら強火で熱する。周りから煙が出て、こげ茶色になったら火を止める。
4　3に2を入れ、転がしてカラメルをからめる。
5　カラフルなアルミ箔で包む。
※好みでシナモンを加えてから丸めてもよい。
※作ってから1日後、カラメルがしみ込んでから食べるとよい。

FIOS DE OVOS' VARIATION 3

ランプレイア・デ・オヴォシュ

LAMPREIA DE OVOS

ヤツメウナギを模したユーモラスな一皿

●カテゴリー：卵菓子 ●シチュエーション：デザート、祝い菓子 ●構成：フィオシュ・デ・オヴォシュ＋ドース・デ・オヴォシュ

"ランプレイア"とはヤツメウナギのこと。鶏卵素麺ことフィオス・デ・オヴォシュ（→P94）は、それだけで完成された菓子だが、ポルトガル菓子においては、菓子の素材としても使われることが多々ある。このランプレイア・デ・オヴォシュもそのひとつだ。

起源は16世紀半ば。コインブラの近くのサンタクララ修道院で、ミーニョ地方出身の修道女によって作られたと伝えられている。フィオス・デ・オヴォシュ（→P94）をたっぷり使用し、卵黄のクリーム、ドース・デ・オヴォシュ（→P216）もふんだんに塗った、黄金の菓子である。

ところで、ヤツメウナギといってもピンとこない人がいるかもしれない。「生きた化石」と呼ばれる、体調50cm、体重1kg程度のウナギに似た円口類。精をつける食材として、ポルトガルでは北部ミーニョ地方や中部地方で珍重されている。春の初めに鮭のように産卵のために冷たいきれいな水の川に上がってくるので、この時期だけ食すことができる。赤ワインで煮たり、ヤツメウナギの血を用いてリゾットにしたりもする。古くはローマ時代から食されていたという記録もあるという。

そんな貴重な食材ゆえだろう、結婚式や洗礼式、そしてクリスマスなど特別な機会に、このヤツメウナギを模した菓子が登場し、それがこのランプレイア・デ・オヴォシュというわけだ。どんと大きなサイズもさることながら、値段も相当な高級菓子である。

食べるときは、ランプレイア・デ・オヴォシュを切り分け、ドース・デ・オヴォシュ（→P216）がからまったフィオシュ・デ・オヴォシュ（→P94）をフォークの先に巻きつけて、まるでスパゲッティのように食べる。ポートワインを飲みながら、1人で一皿食べる人も少なくない。ポルトガルでは男性女性問わず、ランプレイア・デ・オヴォシュを嬉々として食べる姿を見かける。その幸せそうな表情は、見ているこちらが思わず微笑んでしまうほどだ。

F

▼
FIOS DE OVOS

ランプレイア・デ・オヴォシュ（直径30cmの丸皿1枚分）

材料
フィオス・デ・オヴォシュ（→P94）
　……300g
ドース・デ・オヴォシュ（→P216）
　……200g
バタークリーム
　バター……60g
　卵白……1個分
　グラニュー糖……60g
シロップ
　グラニュー糖……100g
　水……100ml
ドレンチェリー（赤・緑）……各1個

作り方
1　バタークリームを作る。バターを白っぽくなるまで練る。卵白とグラニュー糖を合わせてメレンゲを作り、バターを混ぜ合わせる。
2　シロップを作る。鍋にグラニュー糖と水を入れて中火にかけ、沸騰したら火を止める。
3　皿の中心に、ヤツメウナギの形になるように、半円柱にしたフィオス・デ・オヴォシュを弓形におき、表面にシロップを軽く塗る。ドース・デ・オヴォシュで覆う。ドレンチェリーを半分に切り、ヤツメウナギの目と口になるようにおき、バタークリームで模様を描く。

フォガッサ
FOGAÇA
別名:フォガッサ・デ・アルコシェッテ/Fogaça de Alcochete

長い歴史を誇る、ほろほろ食感の焼き菓子

●カテゴリー:焼き菓子 ●シチュエーション:ティータイム、祝い菓子 ●エリア:アルコシェッテ
●構成:小麦粉＋砂糖＋バター＋シナモン＋レモン

数あるポルトガルの伝統菓子のなかでも、その古さは横綱級。600余年の歴史をもち、シナモンとレモンがやさしく香り、ほろっと崩れるようなビスケットを思わせる口当たりをもつ。

しかしながら、この菓子はポルトガル全土で知られてはいない。北部に同じ名前の菓子があるが、それはブリオッシュに似たもので、まったくの別物。本書ではリスボン対岸に位置するアルコシェッテのフォガッサを紹介する。

その歴史については大きく2つの説がある。ひとつはこんな内容である。15世紀、リスボンでペストが流行した際に、伝染から逃れるために王室の方々が逃れたのが、アルコシェッテのアラタイア村。この地域の人々はペストに侵されることが比較的少なく、王室の方々にも被害はなかった。そこで王は、自分たちをこの伝染病から守ってくれたお礼にと、ノッサ・セニョーラ・デ・アラタイア教会を建立。そして村人たちもペストに感染しなかった感謝の念を込めて、各家庭で作ったフォガッサを教会にお供えした。以降、この菓子がア

ラタイアで作り食べられるようになったとする説。

もうひとつはこんな話だ。昔、海に出た男たちが嵐に遭い、帰路を見失い、生存への希望を失いかけた頃、神が現れ、船をアルコシェッテの港まで導いてくれた。そのお礼として、アラタイア村の教会に聖像を奉り、小さな船の模型とともにフォガッサを奉納し、以降、このエリアで愛されるようになったというものだ。

現在もアルコシェッテの人々に愛されているフォガッサは、通年食べられるが、イースターの食べ物でもあったようだ。オーブンが普及していなかった時分には、イースターの時期になると各家庭で生地を作り、パン屋の薪の窯で焼いてもらったという。

長い歴史を持つフォガッサだが、時代が進むにつれて変化もあった。それは大きさだ。今では小ぶりなフォガッサが主流となったが、伝統的なものは1kgほどの大きさに焼いて、切り分けて食べる。生地の表面に十字の切り込みを入れるのも昔ならではのやり方だ。

フォガッサ (10個分)

材料
中力粉 …… 1kg
三温糖 …… 750g
とかしバター …… 300g
水 …… 約100mℓ
シナモン …… 20g
レモンの皮のすりおろし …… 2個分
卵黄 …… 1個分

作り方
1 大きなボウルに中力粉、三温糖、シナモン、レモンの皮のすりおろしを入れ、混ぜ合わせる。とかしバターと水を加え、粘土状になるまで20分しっかりこねる。

2 200gに分割して丸め、表面に十字に切れ目を入れる。卵黄を少量の水(分量外)をといて塗り、200℃のオーブンで25分焼く。
※こねるときは、ボウルをしっかりと押さえてくれる人がいると作業しやすい。
※家庭では100gに分割すると、作りやすい。
※焼いている間に平べったくなる。

フォラール
FOLAR

イースターに欠かせない甘い香りのパン菓子

●カテゴリー：発酵菓子 ●シチュエーション：祝い菓子 ●構成：小麦粉＋バター＋砂糖＋卵＋牛乳＋イースト

ポルトガルのイースターは、クリスマス同様に非常に重要なキリスト教の祝日で、普段離ればなれに暮らす家族が集まる日でもある。クリスマスに定番料理があるように、イースターにも決まった食べ物があり、ポルトガルでは仔羊や仔ヤギのシチューやローストがそれだ。イースターの食卓を飾る不可欠な菓子もあり、それがフォラールである。ほんのり甘いブリオッシュ生地にアニスやオレンジの香りが、日常とは違う気分を演出してくれる。

フォラールは、地元の菓子屋や菓子作りを生業とする女性に予約注文をしておく。そして当日は、イースターの食事の後に食べ、残ったら翌日の朝食にトーストして食べることもある。

上にのったゆで卵は、いったんゆで卵にしたものを生地と一緒にオーブンで焼いて再度火に通す

のですっかりかたくなっているが、食べるのに何ら問題はない。食べる人もいるし食べない人もいる。

イースターに食べる菓子の筆頭に、ほかにパォンデロー（→P140）がある。フォラールとどちらが優勢かについては地域差があり、北部ではパォンデロー、それ以外のエリアではフォラールになるだろうか。

昔ながらの作り方を守っているとこもあり、アレンテージョ地方のサンティアゴ・ド・カセンの近くの小さな村では、陶器のボウルを使って生地をこね、薪の窯でフォラールが焼かれる。

北部トラシュ・オシュ・モンテシュ地方では、仔牛、豚、鶏などの肉がたっぷりと入ったフォラールも作られる。ゆで卵をのせて焼いた甘いイースト菓子だけがフォラールではないのだ。

フォラール（4個分）

材料
中力粉 …… 1kg
バター …… 300g
グラニュー糖 …… 150g
塩 …… 15g
卵 …… 3個
牛乳 …… 250㎖
生イースト …… 60g
ぬるま湯 …… 100㎖
シナモン …… 少量
アニスシード …… 少量
ゆで卵（殻つき）…… 4個
　（ウズラ卵の場合は10〜12個）
卵（つや出し用）…… 1個

作り方
1 中だねを作る。生イーストをぬるま湯でとかし、中力粉100gとよく混ぜ合わせ、丸くまとめる。暖かいところで15〜20分休ませる。
2 バターをやわらかくし、卵、グラニュー糖、塩、牛乳と混ぜ合わせる。
3 残りの中力粉とシナモンを合わせてボウルにふるい入れ、中だねと軽く合わせる。2とアニスシードを加え、なめらかになるまでこねる。暖かい場所で、2倍の大きさになるまで1時間発酵させる。
4 生地を少しとっておき、残りの生地を4等分（ウズラ卵の場合は10〜12等分）する。生地を丸め、ゆで卵をのせ、とっておいた生地をひも状にのばし、ゆで卵のまわりに巻くか、たすき掛けにする。
5 天板にのせ、暖かい場所で20分発酵させる。卵を少量の水（分量外）でとき、表面に塗る。
6 180〜200℃のオーブンで30分（ウズラ卵の場合は15〜20分）焼く。

1 台所に欠かせない木べらはおみやげとしても人気　2 銅鍋は高価ではあるが、一度買うと半永久的に使用できる　3 パォンデロー(→P140)作りをはじめ、素焼きもよく使われる　4 荒物屋のディスプレイ。日本のものと微妙に異なる道具を見るのも楽しい　5 2人がかりで作業する昔ながらの泡立て器

✖ COLUNA 2

受け継がれる道具がポルトガルの菓子作りを支える

　技術の進歩によって世の中は便利になり、その進化はとどまることを知らない。製菓の世界でも同様である。厨房に入ると、数々の便利な道具が見られる。その一方で、古くから受け継がれた道具が現役で使われることが少なくない。とりわけポルトガル伝統菓子では、菓子のみならず道具においても、味わい深いものが使われている。

代用できるもの、できないもの

　料理でも菓子でも欠かせない道具のひとつは木べらだ。一般家庭でも台所に5～6本あり、用途により使い分ける。2014年に改定された衛生法により、木べらを使用しての製菓および販売の禁止が決定されそうになったが、菓子店やレストランの反対に遭い、清潔管理を徹底することを条件に、使用が許され、今にいたっている。

　シロップ(→P216)やドース・デ・オヴォシュ(→P216)はポルトガル菓子に欠かせない要素。これらを作るのに使われてきたのは銅鍋だ。高価な道具ではあるが半永久的に使用できる。使用後はレモン汁あるいは酢と粗塩で磨き、乾いた布巾でふいておく。手入れが必要なためか、近年は使い勝手のよさと出来映えにあまり影響しないこともあり、ステンレスの鍋を使う人も少なくない。

　へらは木製が使われて続けているのに対し、鍋はステンレスで代用可能なのは、手の延長線上にある道具かどうかの違いなのかもしれない。身体の一部となった道具は、ある時点で完成形となり、すっかりなじんだそこからはちょっとやそっとでは変わらないのであろう。

ポルトガル菓子ならではの道具

　ポルトガル菓子ならではの専用の道具もある。フィオス・

デ・オヴォシュ(→P94)を作るときは必ず専門のじょうごを使う。手持ち鍋に穴をあけ口金を刺したようなじょうご型の道具がそれだ。この道具ができたことでフィオス・デ・オヴォシュ作りの時間は大いに短縮された。家庭用なら2～3口、業務用なら5口のじょうごが使われる。

パォンデロー(→P140)作りにも古くから使われている道具が見られる。それは泡立て器。現代の感覚なら、家庭ならハンドミキサー、店舗なら大きな電動ミキサーを使うところだが、パォンデロー(→P140)の場合は大量の卵を泡立てる必要があったので、古くからそのための道具が発達しており、現役で使われていることも少なくない。

北部ミーニョ地方では今も木製の泡だて器にモーターをつけて卵を立てている菓子屋がある。家庭でも2人がかりで作業をする木製の大きな泡立て器を使うこともある。ドウロ地方にはバネのような器具を両手に持ち、上下に動かして使うタイプの泡立て器もある。

地方色豊かなポルトガルでは、それぞれのエリアならではの菓子が多くある。そして、そこには独自の道具も見られる。型につけて揚げる菓子、フィリョーシュ・デ・フォルマ(→P88)は、金属製の細い棒の先に幾何学模様などのデザインが施された型を付けたもので、デザインもサイズも豊富だ。

身近なものも利用する

コルヌコピア(→P74)のように、生地を巻きつけて成形する菓子もある。当然、生地を巻きつけるための道具が必要で、専用の道具もある。人によってはキビの茎など身近なものを利用したりもする。たまたま目にとまったものがちょうどよかったから、ぐらいの理由だろうが、自然なものを道具として活用するゆえ、菓子になったときに、独特のニュアンスを生み出すことも少なくない。

何百年も昔から変化のない完成された道具から、その菓子を作るためだけに作られた道具、身近にあるものを利用したものなど、菓子作りの裏方である道具にもポルトガルの食文化の流れが垣間見られるのである。

6 上下に動かすバネ型泡立て器。片手に1本ずつ持ち、両手で2本の泡立て器を同時に使う　7 青空市にて。フィリョーシュ・デ・フォルマ(→P88)の道具も売られている　8 ポルトガル版ゴーフル、カネロインシュの巻き棒に使われていたのは、キビの茎　9 屋台の焼き栗の道具。地方によってさまざま　10 アソーレス諸島のスピリット・サント祭の菓子に押す、昔ながらの木製のハンコ

グアルダナッポ
GUARDANAPO

フワフワのスポンジ生地と卵黄クリームのハーモニー

●カテゴリー：ケーキ ●シチュエーション：おやつ ●構成：小麦粉＋砂糖＋卵＋ドース・デ・オヴォシュ

グアルダナッポとは口を拭く"ナプキン"のことで、その三角形の形から命名されたと考えられる。

9㎝四方にカットした厚めでフワフワのスポンジ生地にドース・デ・オヴォシュ（→P216）を塗って半分に折り、外側にグラニュー糖をまぶす。食べやすいようミニサイズのグアルダナッポを作ることもある。

このスポンジ系菓子のグアルダナッポは、ポルトガルのカフェや菓子屋に必ずある。ポルトガルのカフェや菓子屋に並ぶ菓子を見渡すと、不動の一番人気は海外でもポルトガル菓子として筆頭に名前が挙がるパステル・デ・ナタ（→P164）だ。アゼイタオンのトルタ（→P209）やシントラのトラヴェセイロシュ（→P212）のように、エリア性が強いもののなかには、その地域で人気ナンバーワンの菓子もある。ボーラ・デ・ベルリン（→P36）は夏の海辺でよく食べられるという季節の風物詩だ。

グアルダナッポはこれらには当てはまらない。これといった突出した特徴がないにも関わらず、全国どこのカフェでもスーパーマーケットでも必ず売られている菓子だ。地味だけどファンがたくさんいる。定番というのは、案外そういうものかもしれない。

人気の高さゆえだろう、ホテルのシェフが大皿に何重にも円を描くように、この二等辺三角形の菓子を並べて、パーティで登場することもある。手でつまんで食べる、軽い食感のケーキ菓子は多くない。だからであろう、カジュアルにもよそ行きにもなるグアルダナッポは、いろいろなシーンで見かけるのだ。

フィリングはドース・デ・オヴォシュ（→P216）が相場だが、必ずしも決まりではない。カスタードクリームやチョコレートやフルーツジャムなど、好みで試してもいいだろう。

グアルダナッポ（30×40㎝の鉄板1枚／6個分）

材料
薄力粉 …… 35g
グラニュー糖 …… 65g
卵 …… 3個
ドース・デ・オヴォシュ（→P216）
　…… 100g

作り方
1 卵を卵黄と卵白に分け、卵白は8分立てにする。
2 1にグラニュー糖を加え、ピンと角が立つまで泡立てる。
3 卵黄を加えて混ぜる。薄力粉を加えて、混ぜる。
4 鉄板に流し入れ、表面を平らにならし、160℃のオーブンで15分焼く。
5 9㎝角にカットし、ドース・デ・オヴォシュを塗り、半分に折る。

ジュズイッタシュ
JESUÍTAS

アイシングを塗ってから焼き上げるのがポイント

●カテゴリー：パイ ●シチュエーション：ティータイム、おやつ ●エリア：サント・ティルソ
●構成：パイ生地＋ドース・デ・オヴォシュ＋アイシング

ジュズイッタシュとは"イエズス会々士"という意味。この菓子はイエズス会の司教の祭服をイメージして作られた。ポルトガル第2の都市、ポルト近郊のサント・ティルソという街の「モウラ菓子店」で100年ほど前に作り始められた郷土菓子だ。この店にこの菓子を伝えたのはビルバオ（スペイン）のイエズス会修道士らのコミュニティーで働いていたスペイン人の菓子職人とされる。スペイン人により作られ始めた菓子ではあるが、現在ジュズイッタシュとは、ポルトガル全国どこのカフェでも食べられる菓子だ。

素朴な佇まいのものが多いポルトガル菓子にあって、やや端正な面持ちのジュズイッタシュ。パイ生地の間にドース・デ・オヴォシュ（→P216）やジラと呼ばれる金糸瓜のジャムをはさみ、表面にアイシングを塗って、焼き上げる。最近ではチョコレートクリームやカスタードクリームをはさんだものも登場している。

実はアイシングを塗ってから焼くのはむずかしく、職人の技が必要とされる。そのためか、アイシングなしにアーモンドダイスを表面に飾り仕上げることもある。とはいえ、アイシング仕上げの方が手間はかかるが、格段に美味。ドース・デ・オヴォシュ（→P216）をはさみ、アイシングを塗って焼くので、甘さはしっかりあるが、軽やかな食感のため、重さを感じさせない。焼けたアイシングとパイのサクサクが心地いい食感を生み出している。

ところで、ジュズイッタシュには決まった食べ方がある。まずは、手あるいはナイフで上と下に切り離す。上の部分と下の部分を、どちらも上下を逆さまにする。そしてそれを合わせて、つまりできあがったときの、表面と底面を真ん中で合わせてから食べる。理由は明快。この食べ方ならば、アイシングの部分がボロボロと崩れ落ちることなく、きれいに食べられるというわけだ。

ジュズイッタシュ（5個分）

材料
マッサ・フォリャーダ（→P214）……250g
ドース・デ・オヴォシュ（→P216）
　　……150g
アイシング
　粉糖……100g
　卵白……10g
　レモン汁……5㎖

作り方
1 マッサ・フォリャーダを20×22㎝にのばし、ドース・デ・オヴォシュを塗り、縦半分に折る。
2 アイシングを作る。粉糖にレモン汁を加えて練る。ときほぐした卵白を少しずつ加えて練り混ぜる。
3 1にアイシングを塗り、二等辺三角形に切る。
4 180℃のオーブンで20〜25分焼く。表面を焦がさないように注意する。
※表面にアイシングを塗らないで、刻んだアーモンドをのせて焼く場合もある。

レイテ・クレーム
LEITE CREME

ノスタルジックな面持ちのポルトガル版クレーム・ブリュレ

●カテゴリー：卵菓子 ●シチュエーション：デザート ●構成：牛乳＋卵＋砂糖＋小麦粉＋柑橘類の皮

レイテ・クレームはクレーム・ブリュレがもとになって生まれたデザートだ。日本でも知られるクレーム・ブリュレはその起源についてはいくつかの説があり、そのひとつが、18世紀にフランスのプロヴァンス地方で作られ始められたというもの。ナポレオン戦争の影響でヨーロッパ中に伝わり、スペインではクレーム・デ・カタラーニャが、ポルトガルではレイテ・クレームが生まれたと考えられている。

カスタードプリンに類するデザート菓子であることは一致するが、ポルトガルのレイテ・クレームとフランスのクレーム・ブリュレには細かい部分で違いがある。

クレーム・ブリュレは脂肪分の高い牛乳と卵黄と砂糖で作るのに対し、レイテ・クレームのベースは牛乳と卵と砂糖と小麦粉。小麦粉が入るのが大きな違いだ。フレイヴァーも異なり、クレーム・ブリュレで使うのはバニラビーンズだが、レイテ・クレームはレモンかオレンジの皮を使用。柑橘系のさわやかさが身上だ。

作り方も異なり、クレーム・ブリュレは湯煎にしてオーブンで焼くが、レイテ・クレームは材料をすべて火にかけてとろみが出るまで煮詰める。

器にも違いが見られる。クレーム・ブリュレはラムカンが使われることが多いが、レイテ・クレームの場合は、釉薬を塗って焼いた素焼きの赤茶色のやや深みのある丸い皿。いかにもポルトガルらしい素朴な趣になる。

クレーム・ブリュレもレイテ・クレームも最後に表面をカラメライズして仕上げるのは一緒。かつては熱したコテを、表面にふったグラニュー糖に当てて焦がしていたが、近年はバーナーで焼き色をつけるのが主流だ。

多くのポルトガル人にとってレイテ・クレームは、そのやさしい味わいで、おばあちゃんの味ともいえる。レストランのメニューにレイテ・クレームがあればほかのデザートには目もくれずにこれを選ぶ人は、決して少なくない。

レイテ・クレーム (4人分)

材料
牛乳 …… 400㎖
卵黄 …… 4個分
グラニュー糖 …… 48g
中力粉 …… 18g
レモンの皮 …… 1個分
グラニュー糖 …… 適量

作り方
1 卵黄、グラニュー糖、中力粉を、白っぽくふわっとなるまで混ぜ合わせる。
2 牛乳を人肌ほどに温め、レモンの皮を入れる。
3 レモンの皮をとり除き、1に少しずつ加え、裏ごしする。
4 中火にかけ、手前から向こうに鍋底をこするように、木べらで混ぜる。プツプツしてきたら弱火にして、少し煮る。
5 器に移して冷まし、表面をグラニュー糖で覆い、カラメル状にこがす。
※器はシャンパングラスやスープ皿を使う。

レイテ・セラフィン
LEITE SERAFIM

天使も喜ぶしっかりとした味わい

●カテゴリー：クリーム　●シチュエーション：ティータイム、デザート　●エリア：ポルタレグレ
●構成：上新粉＋コーンスターチ＋牛乳＋卵＋シロップ

アレンテージョ地方ポルタレーグレのサンタ・クララ修道院で作られていたデザート菓子。"Serafim（セラフィン）"とは天使の中で9階級中最高位の天使のこと。そんな天使にも食べてもらいたい、天使も喜ぶほどの意味合いで、この名前がつけられたのかもしれない。

レイテ・セラフィンはクリーム系のデザート菓子ではあるが、上新粉がしっかり入るため、濃厚でもっちりとした食感がある。かたいカスタードがこの菓子のベースとなり、大きな皿に入れ、グラタンのように高温のオーブンで表面に焼き色をつける。

このとき、しっかり焦げ目をつけるのが、ポルトガル菓子らしい。これはポルトガル人の嗜好のひとつといえるだろう。おなじみのパステル・デ・ナタ（→P164）やレイテ・クレーム（→P112）も、ときに焦げているのでは、と思われるほど、焼き色をしっかりとつけたものが好まれる。

料理にしろ菓子にしろ、ポルトガルには、きつね色というよりはこげ茶あるいは黒に近い仕上がりが多いのはそのためである。特に菓子の場合は、強く焼くことによって生まれる、甘みを切るような苦みが菓子全体の味に深みを与えるからであろう。

作るのが特にむずかしいわけではないが、レイテ・セラフィンは菓子屋では扱っていない。Doceira（ドーセイラ）に注文して作ってもらうのが通常だ。ドーセイラとはドース（甘いもの）を作る女性を指し、地元の修道院菓子や郷土菓子を手工業的に営んでいる場合が多い。なんともポルトガルらしい習慣である。

レイテ・セラフィンのお膝元であるポルタレグレでは街をあげて、その地の修道院菓子の伝承に力を入れている。サンタ・クララ修道院に伝わっていたレイテ・セラフィンのレシピを唯一受け継ぐ人物に、ドーセイラのカルドーゾ姉妹がいた。彼女らから講習会などを通じてレシピを知った女性たちが、現在、ドーセイラとしてレイテ・セラフィンを守り続けている。しっかりとした意志のもとに継承される、伝統菓子の一例である。

レイテ・セラフィン（横幅30m×縦20cmのオーバル皿1枚分）

材料
上新粉（または米粉）…… 60g
コーンスターチ …… 20g
牛乳 …… 400ml
卵 …… 1個
卵黄 …… 6個分
グラニュー糖 …… 200g
水 …… 100ml

作り方
1　上新粉とコーンスターチを牛乳100mlでとく。
2　鍋にグラニュー糖と水を入れ、112℃まで熱する。
3　2に残りの牛乳を入れる。沸き立ってきたら火を弱めて、1を加える。弱火にして、木べらととろみがつくまで鍋底から混ぜ合わせる。
4　火からおろし、卵と卵黄を合わせてといて合わせる。皿に移す。
5　250℃のオーブンで6分、焦げ目がしっかりつくまで焼く。ぬらした布巾をかけて2秒おき、布巾をとる。
　　※ぬらした布巾をあてるのは、つや出しのため。

レリアシュ

LÉRIAS

アーモンドがしっかり主張する

●カテゴリー：ビスケット ●シチュエーション：ティータイム、デザート ●エリア：アマランテ
●構成：アーモンド＋砂糖＋小麦粉＋水

アマランテはポルトガル北部の小さな美しい街。街のなかにタメガ川が流れ、川に面してカフェや菓子屋が立ち並び、そよ風を感じながら伝統菓子とお茶を楽しめるテラスを設置している店も多い。地元の人が週末に憩いの時間を過ごすのにぴったりだ。

アマランテはほかのポルトガルの街と異なる点がある。それはカフェの菓子にみられ、リスボンやポルトの街にあるような、バラエティに富んだ菓子ではなく、この地に伝えられている伝統菓子が中心だ。これらの菓子は、サンタ・クララ修道院由来のものである。

そのひとつがアーモンドをたっぷりと使用したビスケット、レリアシュだ。アマランテのサンタ・クララ修道院の修道女アルシーノ・ドス・レイシュ（別名：アルシーノ・ダシュ・レイリアシュ）によって考案されたと考えられる。

主な材料はアーモンド、三温糖、小麦粉、水。ポルトガル菓子には珍しく、卵が入らない伝統菓子だ。2口程度で食べられる小さな菓子だが、ひとつひとつがずっしりと重く、主張する。味わいもアーモンドの風味がしっかりと感じられ、シンプルな配合や見た目からは計りしれない奥深さがある。質を損なうことなく日持ちするのもうれしい。

レリアシュのほかにも、アマランテに伝わる伝統菓子には、アーモンド生地のFoguetes（フォゲッテシュ）や厚めのオブラートに卵黄クリームをはさんで砂糖衣でコーティングしたPapos de Anjo（パッポシュ・デ・アンジョ）、舟型に抜いた白くて厚めのオブラートに卵黄クリームを詰めて砂糖衣でコーティングしたBrisa do Tamega（ブリザ・ド・タメガ）、Sãn Gonçalo（サン・ゴンサーロ）などがある。どれも2口程度で食べられる大きさで、街に来た人は多くの種類をまとめて購入することが多いようだ。

レリアシュ（40個分）

材料
皮つきアーモンド …… 250g
三温糖 …… 125g
強力粉 …… 55g
水 …… 50㎖
フォンダン
　グラニュー糖 …… 500g
　水 …… 250㎖

作り方
1 皮つきアーモンドを160℃のオーブンで10分ローストする。冷めたら粗く刻む。
2 1、三温糖、強力粉を合わせる。水を少しずつ加えて練る。
3 直径約2.5㎝の棒状にし、1.5㎝の厚さに切る。
4 200℃のオーブンで7分焼く。
5 フォンダンを作る。鍋に水とグラニュー糖を入れ、中火で114℃まで煮詰める。バットなどに移し、50℃になるまで冷ます。
6 5を重く白っぽくなるまで撹拌する。
7 4が冷めたら、6のフォンダンに少量の水（分量外）を入れて弱火で練ってとかしたものを塗る。

マサーン・アサーダ

MAÇÃ ASSADA

お酒を使う、ポルトガル風"焼きリンゴ"

●カテゴリー：焼きリンゴ ●シチュエーション：デザート ●構成：リンゴ＋砂糖＋シナモン＋アルコール類

日本でもおなじみの"焼きリンゴ"は、ポルトガルの家庭でも食べられる。もちろん食堂でも作られる。一般的にポルトガルの焼きリンゴには、生食用の赤いリンゴではなく、Maçã Reineta（マサーン・レイネッタ）と呼ばれる、皮が茶緑色で、生だと酸味が強いが、ジャムやワイン煮など火を通すと食べるのにふさわしくなるリンゴを使う。

リンゴの底を残して芯をとり、ポートワインやマデイラワイン、モシュカテルワイン、アニス酒やコアントローなどいろいろなお酒を混ぜて中央の穴に入れる。ポートワインだけで作るレシピもある。

焼けたリンゴは皮がしわしわになり、見た目は決して美しくないが、味はリンゴの甘酸っぱさとアルコール類の風味で、ほっと落ち着く味わいがある。寒い季節のおやつに、焼き立てを食べるのがふさわしいが、冷蔵庫で冷やすと味が落ち着き、暑い時期でも食べやすくなる。

この手の果物のオーブン焼きは、リンゴの専売特許ではない。洋梨なども同様にオーブンで焼くと、生とは違うおいしさが現れ、別の表情を見せてくれる。

このマサーン・アサーダで使われるリンゴ、マサーン・レイネッタは、19世紀初めにナポレオンの侵略によりポルトガルにもたらされた品種だ。9月から2月にかけて収穫される。

ポルトガル独自のリンゴ品種には、18世紀にベイラ地方の街、ペネルヴァ・デ・コステロで見つかったMaçã Bravo de Esmolfe（マサーン・ブラヴォ・デ・エスモルフェ）がある。実は直径5cmほどと小ぶり。その皮は黄緑色で果肉は白く甘く、ジューシーだ。こちらは生で食すタイプのリンゴで、かつては食後に食べるだけでなく、その香りのよさから、洋服ダンスや引き出しの中に入れて活用していたという。

マサーン・アサーダ（8人分）

材料
リンゴ（大）…… 8個
グラニュー糖 …… 適量（約80g）＋80g
アニス酒 …… 30㎖
ポートワイン …… 30㎖
オレンジキュラソー …… 60㎖
白ワイン …… 500㎖

作り方
1 リンゴの上部を切り取る（切り取った部分は後でふたにするので捨てない）。底を抜かないように芯をくり抜く。
2 ナイフで中心部に向けて切り目を入れる
3 アニス酒、ポートワイン、オレンジキュラソー、白ワインを合わせ、リンゴの穴に流し込む。
4 リンゴの穴にグラニュー糖約80gを入れ、1のリンゴの上部でふたをする。
5 180℃のオーブンで30分焼く。いったん取り出し、天板の前後を反対にして、リンゴ1個につきグラニュー糖10gずつ、リンゴのふたの上からふりかける。オーブンで2分焼く。

マラサーダシュ

MALASSADAS

ハワイのドーナッツ、マラサーダのルーツとされる

●カテゴリー：揚げ菓子 ●シチュエーション：祝い菓子 ●エリア：アソーレス諸島サン・ミゲル島、マデイラ島
●構成：小麦粉＋卵＋イースト＋牛乳＋揚げ油

アソーレス諸島の一番大きな島、サン・ミゲル島とマデイラ島で作られる揚げイースト菓子。平たく言えばドーナッツである。大きさはさまざまで、殻つきクルミ程度の小さなものから、人の顔よりも大きなものまである。

マデイラ島の民衆により考案されたマラサーダシュは、カーニバル（謝肉祭）のときに必ず食べられる。役割的には、本土で食される揚げ菓子のフィリョーズシュと同じく、クリスマスから正月、カーニバルなどで食される菓子である。今も人々に愛されていて、現在でもスーパーマーケットの製パンコーナーや市場で、日常的に売られている。

食べ方は2通り。揚げ立てにグラニュー糖をまぶしてから、またはキビ蜜（モラセス）をかけて食べる。キビ蜜をかけるのは、島ならではの食べ方だ。

マラサーダシュとは、Mal Assadas（マル・アサーダシュ）という2つの言葉から成り、意味は"充分に焼けていない""火が通っていない"である。どうしてそのような名前がつけられかというと、アソーレス諸島サン・ミゲル島のマラサーダシュのものは真ん中が白っぽくまるで火が通ってないように見え、そこからこの菓子名になったということだ。

さて、ハワイにMalasada（マラサーダ）という、マラサーダシュとよく似た名前のドーナッツがあるのをご存知だろうか。カメハメハ王統治時代の1878年9月29日、ハワイのホノルルに入植者として渡った120人のマデイラ島出身の人によってマラサーダシュが伝えられ、それがハワイでマラサーダとなったと考えられる。今やハワイ名物であるマラサーダのルーツはポルトガルにあるというわけだ。

マラサーダシュは、見た目は本土でクリスマスに食べるソーニョシュ（→P198）に似ている。本書では通常のマラサーダシュよりもさらにもっちり感のあるサツマイモ入りマラサーダシュを紹介している。また、アソーレス諸島サン・ミゲル島のものは本土ベイラ地方のクリスマスのときに食べる、フィリョーシュ・テンディーダシュ・ノ・ジョエリョ（→P91）に似ている。

マラサーダシュ（30個分）

材料

サツマイモ …… 500g
中力粉 …… 500g
塩 …… 10g
卵 …… 2個
生イースト …… 15g
牛乳 …… 100㎖＋400㎖
揚げ油（サラダ油）…… 適量

作り方

1 サツマイモをゆでて皮をむき、フォークでつぶす。
2 生イーストを牛乳100㎖でとく。
3 1に中力粉、塩、ときほぐした卵を加える。2を加える。
4 生地のかたさをみながら牛乳400㎖を少しずつ加える。手ではこねられない、どろりとした生地になったら、生地が乾燥しないように布巾などで覆い、暖かい場所で1時間発酵させる。
5 180℃のサラダ油で、4の生地をテーブルスプーン1杯ずつ丸くなるように油の中に入れ、きつね色になるまで揚げる。
※モラセスをかけて食べるのがマデイラ島の食べ方。

マンジャール・ブランコ
MANJAR BRANCO

見た目も食感も異彩を放つ

●カテゴリー:練り菓子 ●シチュエーション:祝い菓子 ●エリア:ポルタレグレ ●構成:牛乳＋砂糖＋米粉＋コーンスターチ

　ポルタレグレのサンタ・クララ修道院に200年ほど前に伝えられた。"マンジャール・ブランコ"とは直訳すると"白い食べ物"という意味。小さく分けて花びらのように皿に並べてオーブンで表面に焼き目をつける、という違いはあるが、牛乳をコーンスターチなどでとろみをつけるフランスのデザート菓子、ブラマンジェも"白"を意味し、考え方の類似性がみられる。

　実は、ポルトガルのほかの地域にも同名のマンジャール・ブランコという菓子がある。しかし、それは鶏の胸肉を使用し、スプーンで食べる大変やわらかいデザートで、サンタ・クララ修道院で作られてきたマンジャール・ブランコとは別のタイプの菓子である。本書では、サンタ・クララ修道院で作られてきた菓子を紹介する。

　マーガレットや菊の花のように見える表情は、作る際にねばりが出てきた生地をかたくなる前にすばやく2本のスプーンを使ってラグビーボール状に成形したもの。おくのは耐熱性のある皿。外側から花びらのように並べ、オーブンに入れる。

　マンジャール・ブランコのおもしろさは見た目だけではない。食感もほかのポルトガル菓子とは一線を画す。"ミルクういろう"といった食感で、表面の焦げ目がアクセントとなり旨みを醸し出す。食べ方もスプーンもフォークも必要なく、2本の指でつまんで口に運ぶのが正しい食べ方。花びら状に並べられたマンジャール・ブランコの焦げ目のついた部分を選びながら、まるで花びらを1枚1枚はがすように食べるのは楽しいものである。

マンジャール・ブランコ（40個分）

材料
牛乳 …… 500㎖＋250㎖
グラニュー糖 …… 250g
上新粉 …… 110g
コーンスターチ …… 40g
水 …… 250㎖
オレンジの花（乾燥）…… 大さじ1

作り方
1 鍋にグラニュー糖、水、オレンジの花を入れて軽く混ぜ、火にかける。
2 1が沸騰してきたら弱火にして112℃まで煮詰める。
3 中火にして、牛乳500㎖を少しずつ加える。このときは混ぜない。
4 沸騰してきたら弱火にし、木べらでやさしく混ぜる。オレンジの花をとり除く。
5 ボウルに上新粉とコーンスターチを入れ、混ぜ合わせる。牛乳250㎖を加える。
6 4に5を静かに加える。弱火で常に鍋底から混ぜ合わせ、しっかりとした餅のような弾力が出たら火を止める。最後に力強く混ぜる。
7 テーブルスプーン2本を使用し、ラグビーボール状に成形する。
8 直径25㎝の耐熱皿に、花を描くように外側から重ねて並べる。
9 250℃のオーブンに5分入れ、表面に濃い茶色の焦げ目をつける。
　※冷めたら手でつまんで、花びらをはがすように食べる。

マルメラーダ
MARMELADA

かたくしてゼリー菓子のようにもする、マルメロのジャム

●カテゴリー：砂糖菓子 ●シチュエーション：ティータイム ●構成：マルメロ＋砂糖＋水

　マルメロといってもピンと来ないかもしれない。厳密には異なるが、マルメロは8月頃から大きな黄色い果実をつける、カリンによく似た果物である。

　そのままかじると渋く、生食に不向きのマルメロだが、火を通すと一変して甘くなる。なので、マルメロは加熱調理して用いられ、ポルトガルではなんといってもジャムでおなじみだ。日本でジャムというとイチゴが想像されるが、ポルトガル人がいちばん好んで食べるのは、このマルメロのジャムであり、マルメラーダと呼ばれる。ただし、マルメロは日本では一般的ではないので、本書のレシピではカリンで代用している。

　ジャムとしてのマルメラーダはパンに塗って食べたり、ポルトガルのロールケーキ、トルタ（→P208）のフィリングなど菓子の材料として使われたりする。

　また、いったんジャム状にしたものを天日に干して水分を飛ばし、羊羹のようにして食べることもある。さらにこのマルメラーダの"羊羹"を角切りにして紙に包み、ゼリー菓子のように仕上げることもある。こうすると1年以上はおいしく食べられる。

　マルメラーダもポルトガルから日本に伝わった。江戸時代に長崎から熊本にわたり、「かせいた」となった。マルメラーダではなくカリンのジャムを、もち粉で作ったおぼろ種ではさんだもので、古きよき味わいは今でも愛されている。

ジャム状にしたマルメラーダを天日に干すと、甘酸っぱい味わいの羊羹のようなものになる

マルメラーダ（200㎖容量の器2個分）

材料
カリン …… 4〜5個
塩 …… ひとつまみ
グラニュー糖 …… ゆでて皮をむき
　裏ごししたカリンの重量と同重量
水 …… グラニュー糖の重量の半量
レモン汁 …… 4〜5滴

作り方
1 大きめの鍋にたっぷりの水（分量外）、塩、丸ごとのカリンを入れ、火にかける。
2 竹串を刺してスッと抜ける状態までやわらかくなったらカリンをとり出し、皮をむき、裏ごしする。
3 鍋にグラニュー糖、水、レモン汁を入れて火にかけ、強火で117℃まで煮詰める。
4 煮詰まったら火からおろし、2を少しずつ加え、しっかりと混ぜ合わせる。
　※カリンの皮をむくときは、金属系の味がつくので、金属系のナイフではなく木ベらなど木製の道具を使うこと。

マッサ・ソヴァーダ
MASSA SOVADA

アレーソス諸島に欠かせないリッチなパン菓子

●カテゴリー：発酵菓子 ●シチュエーション：祝い菓子 ●エリア：アレーソス諸島 ●構成：小麦粉＋卵＋バター＋砂糖＋牛乳＋イースト

マッサ・ソヴァーダは直訳すると"叩きつけた生地"という意味。Sovarは"殴る、打つ"という言葉だからだ。そのとおり、菓子というよりもパンと呼んだ方がよさそうなマッサ・ソヴァーダの生地は、通常のパン生地よりも、その工程で叩きつける回数が多い。それはバターがたっぷり入っているため。なので焼き上がると、ブリオッシュのようなリッチな味わいがある。

今でこそブリオッシュに対してそのようなことはないが、その昔、バターがたっぷり入ったパン菓子は日常のものではなく、祭りや家族の祝い事など特別な機会にしか口にすることができなかった。

アレーソス諸島で作られているマッサ・ソヴァーダも然り。ただし、ブリオッシュのように形は決まっていない。サン・ミゲル島の中心地ポンタ・デルガーダの場合は、教会への奉納物としてマッサ・ソヴァーダは用いられ、たとえば手の悪い人は手が治るよう手の形に焼いて、教会に持って行ったのだ。なかには家畜の病気を治してもらうために、牛の形などをしたものもあるという。また、白いアイシングを施して美しく仕上げることもある。レシピも島によって多少違いがあり、レモンを加えたものは、さわやかな風味や味が特徴的だ。

マッサ・ソヴァーダの生地は汎用性が高い。形を変えて復活祭の菓子になったり、ビスケットにしたり、リング状や円、半月状に成形して焼いたりする。本書のレシピでは、ケーキで使う丸型に入れて焼くタイプを紹介する。

マッサ・ソヴァーダには欠かせない料理がある。それはAlcatra（アルカトラ）と呼ばれる、アソーレス諸島の郷土料理の濃厚な牛肉のワイン煮で、マッサ・ソヴァーダと一緒に供される。

イースターのときはマッサ・ソヴァーダの生地にゆで卵をのせてフォラール（→P104）のように焼く。テルセイラ島では結婚式の際のみ、マッサ・ソヴァーダをリング状にする。こうして姿形を変えて、アソーレス諸島に暮らす人々にとって人生の大切な場面で人生の大切な場面で必ず登場するのが、マッサ・ソヴァーダなのである。

マッサ・ソヴァーダ （直径12㎝の丸型2個分）

材料
中力粉 …… 500g
グラニュー糖 …… 250g
バター …… 65g
卵 …… 3個
牛乳 …… 250㎖
レモンの皮（大きめにむく）…… 1個分
ドライイースト …… 11g
ぬるま湯 …… 50㎖

作り方
1 中力粉を山盛りにして、真ん中をくぼませる。くぼみに、ときほぐした卵、室温でやわらかくしたバター、グラニュー糖、ぬるま湯でといたドライイースト、レモンの皮を入れ、牛乳を少しずつ加えてよく混ぜ合わせる。
2 握りこぶしで叩きながら、生地を30分こねる。
3 生地の上に布巾をかぶせ、暖かい場所で2時間、2倍の大きさになるまで発酵させる。
4 レモンの皮をとり除き、生地を半分に分け、型に入れる。
5 190〜200℃のオーブンで30分焼く。

モロトフ

MOLOTOF

別名：プディン・モロトフ／Pudim Molotof

卵白をたっぷり使うふわふわプリン

●カテゴリー：プリン　●シチュエーション：デザート、祝い菓子　●構成：メレンゲ＋カラメル＋ドース・テ・オヴォシュ

M

▼

MOLOTOF

モロトフ型と呼ばれる真ん中に穴の開いたシフォンケーキ型で焼く。そのためシフォンケーキの一種のように見えるが、モロトフはケーキではない。メレンゲにカラメルを加えた生地を入れて、蒸し焼きにした菓子だ。圧倒的な存在感とは裏腹にとても軽いふわふわとした食感をもつ。大きさや作り方こそ異なるものの、泡立てた卵白を湯に通して作るフランスのデザート菓子、ウ・ア・ラ・ネージュやイル・フロッタントをイメージすると、味の想像がしやすいだろう。

モロトフはポルトガル全土でどこでも食べられるポピュラーなデザート菓子であるが、ポルトガル発祥ではない。19世紀ごろにフランスから入ってきたと考えられる。

ナポレオンのクリミア半島侵略のとき、ペリシェール元帥が半島のセバストポール市の要塞であるMalakoff（マラコフ）を陥落した。その功績を讃えて彼にマラコフ公爵の称号を与え、それを記念してPudim Malakoff（プディン・マラコフ）が作られた。その後ナポレオンがポルトガルに進出した際に、この菓子が伝わったといわれている。

昔から伝わるポルトガル菓子は卵を多く使うものの、そのほとんどは卵黄。大量の卵白が余っていた。そこで卵白を利用でき、さらに美味であったことから飛躍的にポルトガル全土に広がった。ポルトガルで大きく伝わるなかで、名前が"Malakoff（マラコフ）"から"Molotof（モロトフ）"に変わっていったと考えられる。

そしてポルトガルらしいのが、仕上げにドース・デ・オヴォシュ（→P216）とカラメルソースをかけること。卵黄ソースのやわらかい甘さとカラメルの香ばしさが合わさり、奥行きのある味わいになる。モロトフの軽い食感もあり、どんどんと食べ進められる。ただし、仕上げのソースは好きずき。カラメルソースだけをかける人もいる。

モロトフ（直径22cmのシフォン型1台分）

材料

卵白 …… 5個分
グラニュー糖 …… 150g
バター …… 25g
カラメルソース
　グラニュー糖 …… 150g
　水 …… 25mℓ
　ぬるま湯 …… 50mℓ
ドース・デ・オヴォシュ
　…… 大さじ4（→P216）

作り方

1　型にバターを塗り、冷蔵庫に入れておく。
2　カラメルソースを作る。グラニュー糖と水を熱しカラメル状になったら、ぬるま湯を加えてソースにする。
3　卵白を泡立て、グラニュー糖を少しずつ加えてしっかりしたメレンゲを作り、2のカラメルソースを少し加える。
4　型に入れ、湯をはった天板におき、180℃のオーブンの湯煎で10分蒸し焼きにする。
5　オーブンを切り、扉を開けて、10分経ったら取り出す。型から取り出し冷蔵庫で冷やす。
6　ドース・デ・オヴォシュを塗り、残りのカラメルソースをかける。

モルガディーニョシュ・デ・アーメンドア

MORGADINHOS DE AMÊNDOA

和菓子の練り切りを思わせる、アーモンドたっぷりの小菓子

●カテゴリー：小菓子 ●シチュエーション：祝い菓子 ●エリア：アルガルヴェ地方
●構成：アーモンド＋砂糖＋水＋卵黄＋ドース・デ・オヴォシュ＋フィオス・デ・オヴォシュ

　ポルトガル菓子の特徴のひとつにアーモンドを使うことが挙げられる。西アジア原産のアーモンドは、シリアから地中海沿岸へとその栽培が広がっていき、ポルトガルでも栽培されるようになった経緯をもつ。ポルトガルの修道院では13世紀からアーモンドをベースにした菓子が作られていて、ポルトガル菓子とアーモンドは切っても切れない存在だ。

　モルガディーニョシュ・デ・アーメンドアはアーモンドをふんだんに使う菓子の、際たるものだろう。平たく言うと、マジパン菓子。日本でも、花などさまざまな形を作ってケーキの上に飾られることがある、あれだ。モルガディーニョシュ・デ・アーメンドアは上質なマジパンといったところで、なかにドース・デ・オヴォシュ（→P216）がしのばせてある。

　ポルトガルのアーモンドの産地は、北ヨーロッパの人々に人気のある避寒地でもあるアルガルヴェ地方。街を歩いていると、カフェや菓子屋のショーウィンドーやショーケースに、このマジパン菓子がきれいに飾られている。カラフルに色づけされ、さまざまな形に作られるモルガディーニョシュ・デ・アーメンドアを眺めるのは実に楽しい。その様子は、さながら日本の和菓子屋の店頭に並ぶ、季節ごとの植物や風景をモチーフにした練り切りといったところ。実際のところ、材料の違いこそあるものの、ねっとりした舌ざわりも似ている。

　東南アジアの国、タイにも似たような小菓子が存在する。日本の菓子だけでなく、東南アジアの菓子もポルトガルの影響を受けたものが現在も見受けられる。大航海時代に思いを馳せながら、それぞれの国によって変化を遂げた菓子を食べるのもおもしろい。

モルガディーニョシュ・デ・アーメンドア（25個分）

材料
皮つきアーモンド …… 250g
グラニュー糖 …… 250g
水 …… 150㎖
卵黄 …… 2個分
ドース・デ・オヴォシュ（→P216）
　　…… 約125g
フィオス・デ・オヴォシュ（→P94）
　　…… 約75g

作り方
1 アーモンドをひたひたの水（分量外）で煮て、皮をむき、天日か低温のオーブンで乾燥させる。乾いたらフードプロセッサーにかけてアーモンドプードルを作る。
2 鍋にグラニュー糖と水を入れ、102℃まで煮詰める。アーモンドプードルを入れ、火を弱め、生地が鍋の底にくっつかなくなるまでよく練る。
3 火からおろし、卵黄を加えてさらによく練る。
4 作業台にアーモンドオイルかサラダ油（分量外）を塗り、3をおく。粗熱がとれたらよく練る。
5 ラップで包んで常温で一晩休ませる。
6 5を直径2㎝ほどのボール状に丸め、親指で真ん中をへこませ、少量のドース・デ・オヴォシュとフィオス・デ・オヴォシュを入れて包む。
※仕上げに、グラスロワイヤル（粉糖100g、卵白1/2個分、レモン汁1〜2滴をよく混ぜたもの）をかけてアラザンを飾ってもよい。
※小さな紙ケースに入れ、生地で小さな花を作って飾ってもきれい。

ムース
MOUSSE

ふんわりデザートはポルトガルでも人気

●カテゴリー：冷菓 ●シチュエーション：デザート ●構成：砂糖＋卵＋生クリーム＋各フレイヴァー

日本でもおなじみのデザート菓子のムース。フランスの伝統的なデザートで、フルーツまたはチョコレートを雪のように泡立てた卵白とフルーツのピュレやチョコレートを合わせて作る、文字どおり"泡のような"デザート菓子である。

ポルトガルでも人気があり、パイナップル、イチゴ、パッションフルーツ、マンゴーなど、さまざまなフレイヴァーのものが作られるが、圧倒的によく食べられるのはチョコレート味。現在のポルトガルで、家庭でもレストランでも"ムース"といえば"チョコレートムース"を指すほどである。本書のレシピもチョコレートムースである"ムース・デ・ショコラーテ"を紹介する。

チョコレートは南米からカカオ豆が伝えられ、16世紀後半にはスペインの王室や貴族たちの間で温かな飲み物として愛飲され、その後に飲み物としてのチョコレートはスペインからイタリア、そしてフランス、ポルトガル、イギリスへと伝わり1600年頃からヨーロッパ全土に広がっていった。

食べ物としてのチョコレートが一般化するのは、もう少し時代を経てから。ポルトガルで最初にチョコレート工場ができたのは1914年である。

ここで、おもしろい事実がある。チョコレートはヨーロッパ諸国で愛され、実際に消費が多い。ムースではチョコレート味が代表であることから、ポルトガルもそうであろうと思いきや、2017年の調査のよると、ポルトガル人1人あたりのチョコレート消費量は年間2kgで、ほかのヨーロッパの国々と比べるとかなり少ない。さらにそのほとんどがイースターとクリスマスに食べられるそうで、確かにチョコレートを使う菓子はポルトガルであまり見ないのである。なぜムースにおいてはチョコレート・フレイヴァーが圧倒的なのか、理由は謎に包まれている。

家庭でも簡単に作れるムース・デ・ショコラーテは、ポルトガルではカフェやレストランのデザートでもある。注文する際にアグアルデンテやブランデーといったアルコール度数が高いお酒を依頼し、たっぷりと混ぜ合わせて食べる人も多い。それはムースというよりもスープのようですらある。

ムース・デ・ショコラーテ（グラス6〜8個分）

材料
卵 …… 2個
ミルクチョコレート …… 100g
無塩バター …… 24g
生クリーム …… 45g
グラニュー糖 …… 24g＋24g
ココアパウダー …… 4g
ブランデー（またはラム酒）…… 少量

作り方
1 卵を卵黄と卵白に分ける。
2 ミルクチョコレートを刻み、湯煎にかけてとかす。
3 2に無塩バター、生クリーム、卵黄、グラニュー糖24g、ココアパウダーを加えてよく混ぜ、弱火にかける。
4 全体がとけ、よく混じり合ったら、火からおろす。氷水にあてて木べらで練りながら冷ます。
5 卵白を泡立て、グラニュー糖24gを加え、しっかりしたメレンゲを作る。
6 4と5を合わせてブランデーを加え、グラスに分け冷蔵庫で5時間冷やす。
※ミルクチョコレートは、好みでスイートまたはブラックでもよい。

オヴォシュ・パルドシュ

OVOS PARDOS

アソーレス諸島はサン・ミゲル島のデザート菓子

●カテゴリー：デザート ●シチュエーション：デザート ●エリア：アソーレス諸島サン・ミゲル島 ●構成：砂糖＋卵＋水

Pardosとは"褐色の"という意味で、そのとおりの色をもつデザート。ドース・デ・オヴォシュ（→P216）と同じ作り方だが、ひとつ異なるのはシロップをカラメルになるまで煮つめて作ること。そして、でき上がったら皿に移し、シナモンをかけて仕上げる。

オヴォシュ・パルドシュは1910年、サン・ミゲル島ポンタ・デルガーダに生まれたマリア・ダ・コンセイサォン・リベロが、祖母から引き継がれた彼女の家に伝わるレシピをアソーレス諸島の有名な歴史学者アウグスト・ゴメシュに教えたものだ。

現在のポルトガルはコーヒー文化圏に考えられがちだが、実はサン・ミゲル島はヨーロッパでは珍しい紅茶の産地である。19世紀末に作られた茶畑が2つあり良質のお茶を生産している。

サン・ミゲル島ではオレンジに代わる特産物として、1874年から茶の栽培が始められたが、なかなかうまくいかなかった。そこで島の農業振興組合が茶作りのために、マカオから2人の中国人を招聘した。1878年3月5日のことである。

1人は茶作り名人のLau-a Pan。もう1人は通訳兼サポート役のLau-a Teng。2人は島に着いた翌日から仕事に取り組み、その春には10kgの紅茶と8kgの緑茶を作った。そして翌年の1879年の春には28kgの良質の紅茶と同量の緑茶を作りあげた。こうして茶葉は、1884年には島の特産物として市場に売り出されたのである。

そのためだろうか、オヴォシュ・パルドシュは夕食後に紅茶と一緒に食すのが習わしだ。濃厚な卵黄とカラメルの味と、地元で生産されたスッキリとした紅茶との組み合わせは心地よく、ぜひ試してほしい。

現在も1883年創業のゴリアーナ社はヨーロッパ最古の茶葉の生産者として、伝統的な手作業を継承している。少量生産の上に、75％が島内で消費されるので島外ではなかなか手に入らない貴重品である。現在も春の茶摘みの時期には、19世紀の民族衣装をまとい作業をするそうだ。

オヴォシュ・パルドシュ（6人分）

材料
グラニュー糖 …… 250g
水 …… 大さじ1+125㎖
卵 …… 1個
卵黄 …… 4個分
塩 …… 1g
シナモン …… 適量

作り方
1 鍋にグラニュー糖と水大さじ1を入れて強火にかけ、カラメルを作る。
2 1に水125㎖を加え、カラメルソースを作り、冷ます。
3 卵、卵黄、塩を混ぜ合わせて2に加え、弱火にかける。木べらを前後に動かし、鍋底が見えるようになったら火からおろす。
4 熱いうちに器に移し、シナモンをふって冷やす。

パルミエール
PALMIER

しっかりとした歯応えもあるカリッとしたパイ

●カテゴリー：パイ ●シチュエーション：ティータイム ●構成：パイ生地＋グラニュー糖

フランスのそれと同じで、パイ生地にグラニュー糖を加えて、香ばしく焼き上げた菓子。ポルトガルのスーパーマーケット、カフェ、菓子屋のどこでも見つけることができる。

Palmierとは"ヤシの木"の意味で、なるほど、ヤシの葉を思わせる見た目をしている。それらしければいい、ということだろうか、形に決まりはなく、もっとも一般的なのはハート形や4〜5本指のグローブ形だ。サイズや厚さは作り手によって異なるものの、サイズについては、人の手から顔ぐらいの大きさのものが多い。

フランスのパルミエとは異なり、ポルトガルのカフェなどで売られているパルミエールは、一層一層の生地が少し膨らみ、しっかりとした歯応えがある。折りパイ生地の軽いサクサクとした食感とは随分と異なるものもある。作る過程の結果なのか、ポルトガル人の嗜好なのかは不明だが、一見同じに見えながら食感に違いが感じられるのはおもしろい。

パルミエールはアレンジしたタイプもよく見られ、子どもに人気が高いのは、Palmiers Recheados（パルミエールシュ・レシアードシュ）。長方形に焼いた2枚の長方形のパルミエールにバタークリームをはさんだもので、甘さもボリュームもたっぷりだ。ほかにも、表面にドース・デ・オヴォシュ（→P216）をぬり、グラニュー糖をまぶしたPalmier Coberto（パルミエール・コベルト）もある。

パルミエールシュ・レシアードシュ。はさむクリームはバタークリームだけでなく、マルメロのジャムであるマルメラーダ（→P124）の場合もある

パルミエール (10枚分)

材料
マッサ・フォリャーダ（→P214） …… 500g
グラニュー糖 …… 50g

作り方
1 マッサ・フォリャーダを帯状にのばし、表面にグラニュー糖をふり、三つ折りにする。
2 45×26cmの帯状にし、真ん中を中心に上から半分に折り、下からも半分に折る。生地の両端から1/3サイズを切る。切りとった1/3サイズの生地2枚を、残っている1/3ではさみこんで、もみじのような形にする。冷蔵庫で20分休ませ、厚さ7mmに切る。
3 210℃のオーブンで15分焼く。

パォン・デ・デウス

PÃO DE DEUS

別名：エスタラディーニョ／Estaladinho、アルファーダ／Arrufada

ココナッツの風味豊かな甘いパン菓子

- ●カテゴリー：発酵菓子 ●シチュエーション：ティータイム、朝食、ブランチ、スナック
- ●構成：ブリオッシュ生地＋ココナッツフィリング

直訳すると"神様のパン"。もう少し深く考えると"神様の食べ物のようにおいしいパン"とも訳すこともできる。現在ではポルトガル全土で見られる、ココナッツがのったパン菓子だが、かつては11月1日の万聖節に北部で食べられていた。

きっかけは、1755年11月1日に首都リスボンで発生した大地震。大被害を引き起こしたこの地震の1年後から、11月1日に人々は教会に集まり被害に遭った人を祈り、助け合うようになった。その助け合いの精神が習慣として続き、毎年その日には貧しい人や子どもたちにパンを配るようになったとされる。そこで作られ始めたのがパォン・デ・デウスだ。

このような経緯から、かつては一年に1回のみ作られていた菓子が、今ではポルトガル全国で毎日どのパン屋でもカフェでもスーパーマーケットでも作られ、買えるものになった。それだけポルトガル人の口に合ったということだろう。

そのままで、パン菓子として食するだけではなく、上下半分に切り、バターを塗ってハムやチーズをはさんでスナックとして食べることもある。トーストすることも珍しくない。ポルトガル人の生活に浸透した甘いパンなのだ。

決め手の素材となるココナッツは東南アジア原産だが、16世紀半ばにポルトガル人がインドからブラジルに伝え、ブラジルで広く栽培されるようになった。今ではブラジルでのココナッツの生産量は世界第5位。ポルトガルでは採れないが、こういった歴史的背景が影響してか、ポルトガル菓子にはココナッツを使うものが少なくない。

パォン・デ・デウス (15個分)

材料

ブリオッシュ生地
　薄力粉 …… 350g
　強力粉 …… 150g
　生イースト …… 30g
　ぬるま湯 …… 50㎖
　グラニュー糖 …… 90g
　塩 …… 10g
　牛乳 …… 75㎖
　卵 …… 1個
　バター …… 100g
ココナッツフィリング
　ココナッツファイン …… 75g
　グラニュー糖 …… 75g
　卵 …… 1個
粉糖 …… 適量

作り方

1 ブリオッシュ生地を作る。薄力粉と強力粉を合わせてふるう。生イーストをぬるま湯でといて混ぜ合わせる。グラニュー糖、塩、卵、牛乳を順番に合わせる。

2 1と常温でやわらかくしておいたバターを合わせて、こねる。表面に気泡がでてきたら、暖かい場所で1時間、生地が2倍近くになるまで発酵させる。

3 30個に分割して丸め、天板におく。暖かい場所で30分、約2倍になるまで発酵させる。

4 ココナッツフィリングを作る。ココナッツファイン、グラニュー糖、卵をよく混ぜ合わせる。

5 3にココナッツフィリングを10gずつのせ、200℃のオーブンで12分焼く。

6 焼き上がったら、粉糖をふる。
※横半分に切れ目を入れ、スライスチーズをはさんで食べるのも美味。

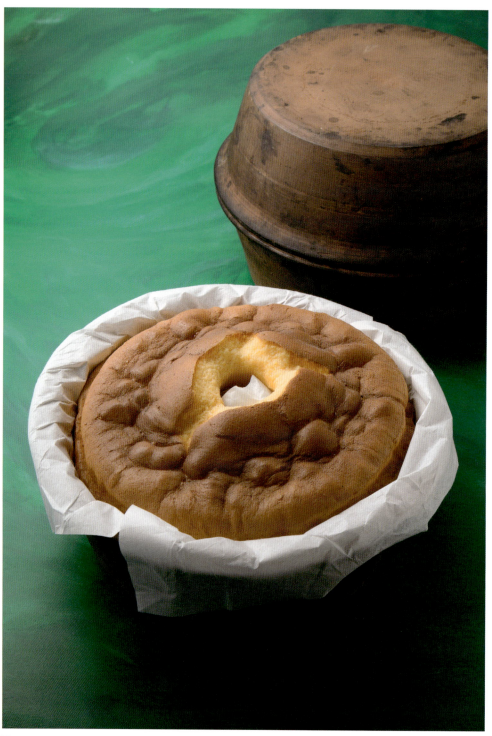

パォンデロー・ミニョット
PÃO DE LÓ MINHOTO

別名：ブローア・デ・パォンデロー/Broa de Pão de Ló、
パォンデロー・デ・マルガリーデ/Pão de Ló de Margaride

数あるパォンデローのベースがこれ

●カテゴリー：ケーキ ●シチュエーション：ティータイム、デザート、祝い菓子 ●エリア：ミーニョ地方
●構成：卵＋砂糖＋小麦粉

パォンデローはポルトガル各地にさまざまなものが存在するが、もっとも古く、現在のようにバリエーション豊かに発展するもとになったのが、このパォンデロー・ミニョットであるといわれる。今流行りのパォンデロー・デ・オヴァール（→P142）やパォンデロー・デ・アルフェイゼラオン（→P144）といった半熟タイプも、パォンデロー・ミニョットを作ろうとしたが失敗してできたもののようだ。

パォンデロー・ミニョットの正確な発祥地や時期は不明だが、北部のミーニョ地方で作り始められたことは間違いない。昔は大変貴重であった卵を大量に使用することから、それが許されていた修道院の菓子であったのではと推察される。作り始められた頃から、神父に献上するためと教会に供えるためにキリスト教の行事に使用されていたという事実がそれを物語っている。

ポルトの東50km街、フィリゲイラシュのマルガリーデ地区にある「レオノール・ローザ・ダ・シルバ」のパォンデローは王室御用達となっている。この地方ならでの焼き方を実践しており、大きな植木鉢のような丸い素焼きの型の中心に、同じく素焼きの小さな茶碗を逆さにおき、紙を敷いて生地を流し込み、同じ大きさの素焼きの型でふたをして窯で焼くというものだ。焼き上がりは真ん中が抜けたエンゼル型で焼いたようになる。しっとり感はあまりなく、ふわっとしていて甘さは控えめだ。

パォンデローは冷めてから食べるのが一般的だが、焼き立てのまだ温かいうちに手でちぎり、ケイジョ・デ・セーラという塩気のきいた羊乳の熟成チーズと一緒に食べるのは、これ以上はないほどの相性のよさである。さらにポートワインを添えれば申し分なしだ。

パォンデローは、大航海時代には南蛮船にのせられ、世界各地へと渡っていった。数あるパォンデローのうち、カステラ（→P150）の先祖となったのは、パォンデロー・ミニョットではないかと考えられる。というのも、カステラは型に紙を敷いて生地を流し入れ、ふたをして焼く。見た目こそ違えど、これと同じ作り方をするのは、パォンデロー・ミニョットだからだ。ほかのパォンデローはこのような製法をとらない。

パォンデロー・ミニョット（直径27cmの素焼きの型1台分）

材料
卵 …… 3個
卵黄 …… 12個分
グラニュー糖 …… 225g
薄力粉 …… 80g

作り方
1 卵と卵黄をよくまぜ合わせ、グラニュー糖を加えて白っぽくなるまでしっかり泡立てる。
2 薄力粉を加え、よく混ぜ合わせる。
3 紙を敷いた素焼きの型に2の生地を入れる。
4 同じ大きさの素焼きの型でふたをして、220℃のオーブンで30分焼く。
5 スパゲティまたは竹串で刺して何もついてこなければ、焼き上がっている。ふたをとり、5分そのままで休ませ、その後、型から出して冷ます。乾燥しないように布巾で覆う。

PÃO DE LÓ'S VARIATION 1

パォンデロー・デ・オヴァール

PÃO DE LÓ DE OVAR

別名:パォンデロー・コン・クレーム/Pão de Ló com Creme

一晩寝かせることでねっとりとしたクリーム状に

●カテゴリー:ケーキ ●シチュエーション:ティータイム、祝い菓子 ●エリア:ベイラ・リトラル地方オヴァール
●構成:卵+砂糖+小麦粉

ポルトのやや南、オヴァールの街のパォンデローは18世紀の修道院で作られ始めたと考えられる。このパォンデローは生焼けではないかといぶかしんでしまうほどの半熟状態であるのが、最大の特徴だ。卵黄が多く、粉の少ない配合の生地を、丸い素焼きの型に紙を敷き、生地を入れ、表面がやや濃いめのきつね色となり、中身がプルルンと揺れるような状態で窯から取り出す。

一日寝かせておくと表面の下の生焼けの部分が蜜状になり、トロリとしたクリームとなって現れる。火は通っているが気泡を浮き上がらせるだけの力が働いていない半熟状態で、もとより粉が少ない配合なので粉くささもほとんどない。時間の経過によって、生地の半熟の部分が濃いオレンジ色のねっとりとしたクリーム状になるが、甘さは意外とやさしい。最後に、紙にくっついた生地をこそげ落として食べるのも、楽しいものである。

同じ半熟タイプのパォンデローでも、アルフェイゼラオンのもの(→P144)は、型にバターを塗るせいか、とけたバターが生地の外側に染み込み、コクを感じる。

2009年、オヴァールは街をあげてパォンデローの歴史や製法を後世に伝え続けるために協会、APPOを設立した。現在、オヴァールの19軒の店舗がメンバーとなり、事前に申し込めば作り方が学べ、歴史の説明も受けられる。

この街でもっとも古いパォンデロー店は「サン・ルイーシュ」で、19世紀にはすでにパォンデロー作りを生業としていたとのこと。イースターやクリスマス時期ともなると、大変な数のパォンデロー・オヴァールが販売される老舗だ。

パォンデロー・オヴァールを食した長崎のカステラ屋の主人によると、子どもの頃に食べた焼き損ないのカステラの味にそっくりだという。日本のカステラのルーツはポルトガルのパォンデローであることを改めて確認できるエピソードだ。

パォンデロー・デ・オヴァール (直径21cm×高さ11.5cmの赤土の素焼きの型1台分)

材料
卵 …… 3個
卵黄 …… 10個分
グラニュー糖 …… 178g
薄力粉 …… 43g
ポートワイン …… 少量

作り方
1 型に紙を敷く。
2 ボウルに卵と卵黄を入れて、ときほぐす。泡立て器で混ぜながらグラニュー糖を少しずつ入れ、もったりとしてくるまで泡立てる。
3 薄力粉を加え、さっくりと混ぜ合わせる。ポートワインを加える。
4 1に生地を入れて180℃のオーブンで10〜15分、表面がきれいなきつね色になるまで焼く。
5 半生で焼き上がったら、紙ごと取り出して冷ます。
※冷ますときは、中の生焼けの部分が破れ出ないよう、箱などに入れるとよい。

PÃO DE LÓ'S VARIATION 2

パォンデロー・デ・アルフェイゼラオン

PÃO DE LÓ DE ALFEIZERÃO

別名：パォンデロー・ウミド／Pão de Ló Humido

中心のとろとろとしっかり焼けた生地のハーモニー

●カテゴリー：ケーキ ●シチュエーション：ティータイム、デザート、祝い菓子 ●エリア：リスボン近郊エストレマドゥーラ地方
●構成：卵＋砂糖＋小麦粉＋バター

首都リスボンから北西へ約100km、ポルトへ行く道の途中に半熟のパォンデローで有名な街、アルフェイゼラオンがある。ベイラ・リトラル地方のオヴァールのもの（→P144）と同じく半熟のパォンデローではあるが、異なる焼き具合、食感をもつ。

半熟タイプのパォンデローであるが、金属製の型で焼くので、中心部分はとろとろでも側面と底面にはしっかり火が通っている。そのため、皿に出して切り分けて食べる。半熟だからとスプーンですくうタイプではないのだ。

パォンデロー・デ・アルフェイゼラオンは、オーブンから出したらすぐに表面の一番外側を指で一周軽く押す。こうすることで、型から生地が離れ出しやすくなり、同時に真ん中に半熟の生地が集まる。そして熱いうちに型から出す。

切り分けると、真ん中からは黄金色に輝く半熟の生地がゆっくりと現れる。口に入れると、半熟部分のクリームのようななめらかさとしっかりと焼けた生地と、ふちは型に塗ったバターが生地にしみ込み、噛むとじゅわっとあふれ、食感のコントラストが楽しい。焼き立てよりも1日おくと味がなじんで、よりおいしい。

パォンデロー・デ・アルフェイゼラオンの起源はアルコバッサにあるサンタ・マリア・デ・コーシュ修道院で作られていたパォンデローといわれる。19世紀に発令された修道院廃止令により修道院を去ることになった修道女が、アルフェイゼラオンの家族に作り方を伝授し、売り出されたのが始まりとされる。

別のエピソードも残っている。避暑にやってきた王族の食事を用意していた料理人が、修道女からパォンデローの作り方を伝授された人物で、急かされたため通常の焼き時間よりも早く窯から取り出してしまった半熟のパォンデローを恐る恐る出したところ、王が大変気に入り、この半熟タイプが誕生したという説だ。

いずれにせよ、パォンデロー・デ・アルフェイゼラオンは修道院生まれの菓子である。冒頭で記したようにアルフェイゼラオンがリスボンからポルトへ行く道の途中にある。長距離バスやトラックの運転手が休憩をいれる街でもあったことから、彼らの口コミによりアルフェイゼラオンの"おいしい菓子"としてその名が全国に広がり銘菓になったと考えられる。週末にはリスボンから買いに行く人も多い。

パォンデロー・デ・アルフェイゼラオン（直径12.5cm×高さ5cmの小鍋3個分）

材料
卵 …… 4個
卵黄 …… 4個分
グラニュー糖 …… 150g
薄力粉 …… 75g

作り方
1 卵と卵黄にグラニュー糖を入れ、白っぽいクリーム状になるまで泡立てる。薄力粉をふるい入れ、よく混ぜる。
2 型に流し入れ、220℃のオーブンで7分焼く。鍋ごと冷まし、充分に冷めたら、慎重に皿に取り出す。
※好みで塩ひとつまみ、ポートワイン少量を入れてもよい。

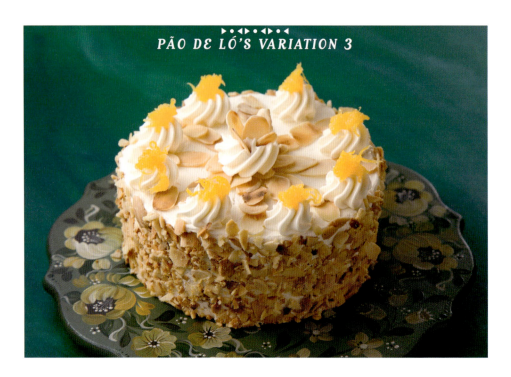

パォンデロー・デ・アーメンドア
PÃO DE LÓ DE AMÊNDOA

アーモンドたっぷりの変化球

●カテゴリー：ケーキ ●シチュエーション：ティータイム、デザート、祝い菓子 ●エリア：アレンテージョ地方、アルガルヴェ地方
●構成：卵＋砂糖＋アーモンド

　ポルトガル南部、アルガルヴェやアレンテージョはアーモンドの名産地。このエリアのパォンデローは皮つきのアーモンドプードルをたっぷり入れて作る。いわゆるパォンデローの定義に当てはまらない珍しいタイプだ。祝い事や行事の時には、上の写真のように表面にバタークリームを塗り、きれいにデコレーションを施すこともある。

パォンデロー・デ・アーメンドア
（直径12cmの丸型2台分）

材料
皮つきアーモンド 250g
卵 3個
グラニュー糖 250g
スライスアーモンド（ロースト） ...... 適量

作り方
1 皮つきアーモンドをフードプロセッサーでパウダー状にする。
2 卵を卵黄と卵白に分け、卵黄は軽くほぐし、グラニュー糖を加えクリーム状になるまでよく泡立て、スライスアーモンドを混ぜ合わせる。
3 卵白をピンと角が立つまで泡立てる。
4 3に1を加える。さらに2を加え、泡を消さないようにやさしく混ぜ合わせる。
5 4を型に入れ、170℃のオーブンで40分焼く。
※仕上げに表面をバタークリームで覆ってもよい。

PÃO DE LÓ'S VARIATION 4

カヴァカシュ・デ・レゼンデ
CAVACAS DE RESENDE

別名：パォンデロー・ファティーア / Pão de Ló Fatia

シロップを打ち、アイシングで覆ったパォンデロー

- ●カテゴリー：ケーキ ●シチュエーション：ティータイム、デザート、祝い菓子
- ●エリア：ベイラ・アルタ地方レゼンデ
- ●構成：パォンデロー＋シロップ＋アイシング

　ポルトガル北部ベイラ・アルタのレゼンデという町で19世紀から作られている。その昔、結婚式のためにパォンデローが焼かれたが、花嫁が病気になり予定日に式を行えなくなった。当時は高級菓子であったパォンデローをムダにしないために考えられたのが、日持ちをさせるためにシロップを打ち、表面をアイシングでカバーするという方法だ。これが現在に続く、レゼンデのパォンデロースタイルとなった。ちなみにこの地方ではパォンデローをカヴァカと呼ぶ。

カヴァカシュ・デ・レゼンデ
(30×20cmのトレイ1枚分)

材料

卵 …… 7個	シロップ
卵黄 …… 5個分	グラニュー糖 …… 250g
グラニュー糖 …… 100g	水 …… 125ml
薄力粉 …… 50g	アイシング
コーンフラワー	粉糖 …… 120g
…… 100g	レモン汁 …… 20ml

作り方

1. 型に紙を立てておき、底にはコーンフラワーを敷きつめる。
2. 卵と卵黄を合わせよく混ぜ、グラニュー糖を加え、白っぽくなるまで泡立てる。
3. 薄力粉を加えて練らないように混ぜ、1に流し入れ、200℃のオーブンで40分焼く。
4. 冷めたら、厚さ3.5cm×幅13cm×高さ5cmに切り分ける。
5. シロップを作る。水にグラニュー糖を加えて煮立たせ、103℃のシロップを作る。4の一切れ一切れの両サイドをシロップをつけた刷毛でなでるようにする。
6. アイシングを作る。粉糖とレモン汁をよくかき混ぜる。5の上にほんの少し薄力粉（分量外）をはたき、アイシングを表面にさっと塗る。

PÃO DE LÓ'S VARIATION 5

カヴァカシュ
CAVACAS

別名：ボーロシュ・デ・ジェマ/Bolos de Gema

丸ぼうろのルーツと考えられる

● カテゴリー：焼き菓子　● シチュエーション：祝い菓子　● エリア：北部
● 構成：卵＋砂糖＋小麦粉＋アイシング

　ぱっと見はパォンデローの仲間に見えないが、これもパォンデローを語るときに欠かせない菓子。カヴァカシュは北部ではイースターのときに食べる菓子で、材料そのものはパォンデローの系譜だが、手の平ほどの大きさで丸い形状は、大きめのビスケットといったところだ。渦を巻いたような表情と、表面にかけるレモン風味のアイシングが特徴でもある。このカヴァカシュによく似た菓子が日本にもあり、それが佐賀県銘菓の丸ぼうろ。円い見た目や大きさ、乾いたようなパサっとした食感も似ており、カヴァカシュが丸ぼうろのルーツと考えられる。

カヴァカシュ
（40個分）

材料
卵 …… 2個
卵黄 …… 6個分
グラニュー糖 …… 10g
薄力粉 …… 160g
アイシング
　粉糖 …… 240g
　レモン汁 …… 40㎖

作り方
1　天板全体に薄力粉（分量外）をふる。
2　卵と卵黄をときほぐし、グラニュー糖を加えて白っぽくなるまで充分に泡立てる。
3　2に薄力粉を加えてよく混ぜ、1の天板に間隔をあけて、テーブルスプーンですくって落とす。
4　200℃のオーブンで5分焼く。
5　アイシングを作る。ふるった粉糖にレモン汁を少しずつ入れて、なめらかになるまでよくかき混ぜる。
6　4の底面に薄くアイシングを薄く塗る。底面が乾燥したら表面にもアイシングを塗り、指2～3本で表面をさっとなでて模様を作る。乾かす。

✤ COLUNA 3

地域色豊かな
パォンデロー

　パォンデローは修道院生まれの菓子で、キリスト教会へのお供え物や復活祭のシンボルとして16世紀から作られ続けている。とりわけポルトガルの北部ではパォンデロー作りが盛んだ。一口にパォンデローといっても地域によりさまざまなバリエーションがある。ポルトガル人に子どもの頃から食べてきたパォンデローの特徴を聞けばその人の出身地がだいたいわかるのもおもしろい。

歴史と地域性を守りつつも進化する

　ドウロ地方のヴォウゼラでは素焼きの舟型に紙を敷き生地を流し焼く。その後シロップを塗り、表面をフォンダンで覆うタイプで、"ボリニョール"と呼ばれる。ミーニョ地方でも南部のアテイでは素焼きの型紙を敷いて生地を流し、さらに素焼きの型でふたをして焼く。ここまでは通常のミーニョ地方のパォンデロー（→P140）と同じだが、完全に火が通るより少し前に窯から出す。そのため上の部分がネチっとしている。ミーニョ地方のバルセロシュでは昔ながらの重い素焼きの型を用いて作るが、塩抜きして甘く煮たオリーブ入りの、モダンと歴史が融合したようなパォンデローも現れている。

　クリスマスとイースターに、離れて暮らす家族が家に戻ってくる機会にパォンデローは欠かせない。日常的には使わなくなった窯に薪をくべて、大きな木製の泡だて器で時間をかけて卵と砂糖を泡立てて焼くパォンデローは、受け継がれる家族の味となっている。

　パォンデローは卵、砂糖、粉の3つの材料で作られる。全卵を使うか、卵黄もふんだんに加えるか、別立てにするか共立てにするか、しっかり焼くか生焼けか、配合と工程のちょっとした違いで、形や仕上げが異なり、地方色豊かな実にさまざまなパォンデローが見られる。

1 一度に大量に焼かれる、ミーニュ地方のパォンデロー（→P140）専門店の厨房　2 英エリザベス女王に献上された、ベイラ地方の菊型のパォンデロー　3 エストレマドゥーラ地方のパォンデロー（→P144）。半熟タイプなのですぐに沈んでしまう　4 モダンなタイプのひとつで、オリーブ入り　5 ベイラリトラル地方のパォンデロー老舗の店内

PÃO DE LÓ'S VARIATION 6

カステラ

CASTELLA

パォンデローをルーツとする日本オリジナル

●カテゴリー:ケーキ ●シチュエーション:ティータイム ●エリア:日本 ●構成:小麦粉+砂糖+卵

カステラといえば日本では知らない人はいないほど、おなじみの菓子だ。16世紀に長崎にやってきたポルトガル人宣教師により伝えられたことを知っている日本人も多い。

当然といえばそれまでだが、ポルトガルでは、カステラの祖国がポルトガルだということを、さらにカステラ自体を知っている人もほとんどいない。カステラのルーツはミーニョ地方のパォンデロー(→P140)ではないかと推測され、日本に渡ってきて約500年になるが、ポルトガルでパォンデローはほとんど変わらぬ姿で生き続け、日本のカステラはパォンデローをベースに日本で独自の進化を遂げた。

パォンデローが日本に伝わった当時は、今のポルトガルのパォンデローと同じく、卵、砂糖、小麦粉だけで作られていたが、和菓子で使っていた米飴もカステラにも入れるようになった。そうして、しっとりとして弾力がある四角焼きがカステラとして定型化したのである。

パォンデローがどうしてカステラという名前になったのか。これには諸説ある。城(カステロ)で食べられたからカステラになったのではないか、卵白を泡立てる時にお城のように立てる技法を"バッテール・エン・カステロ"ということに由来するのではないか、はたまた、日本で南蛮文化が開花し始めたころ、ポルトガルはスペインに支配されており、当時のスペインはカスティーリャ王国、このポルトガル語読みの"カステーラ"から来たのではないか、などだ。

カステラ (縦54cm×横49cm×高さ7cmのカステラ木枠1台分/10斤分)

材料

卵(殻つき) …… 2400g
卵黄 …… 250g
上白糖 …… 1500g
グラニュー糖 …… 600g
もち米飴(糖度75%) …… 25g
薄力粉 …… 1000g
水 …… 120mℓ

作り方

1 卵、卵黄、グラニュー糖、上白糖をミキサーに入れ、混ぜる。
2 7分ぐらい立ったら速度を落とし、もち米飴を入れて、混ぜる。
3 8分ぐらい立ったら、ミキサーからはずす。
4 生地をこす。
5 少し生地を混ぜて全体をなじませ、薄力粉を入れる。
6 薄力粉が全体になじんだら泡立て器で110回、生地を切るように、前後に全体に混ぜる。
7 水を入れ、さらに70回混ぜる。
8 木型に生地を流し入れ、上火240℃、下火170℃のオーブンで焼く。2分焼き、霧吹きを全体的にして底から泡切りする。2分焼き、霧吹きを全体的にして底より上の真ん中あたりから泡切りする。2分焼き、霧吹きを全体的にして表面だけを泡切りし、表面を平らにする。3分30秒焼き、色をつける。木枠とふたをし、13〜15分焼く。回転させて木枠を足し、ふたをして、10分焼く。回転してガス抜きをし、7分焼く。
9 焼き上がったカステラを木箱に入れ、1日休ませる。
10 カステラ包丁で切る。
※作ってから一晩木箱の中で寝かせることで、焼き立てよりもしっとりとした食感になる。

パパシュ・デ・ミーリョ

PAPAS DE MILHO

栄養たっぷりのトウモロコシ粥

●カテゴリー：粥 ●シチュエーション：おやつ、朝食 ●エリア：アレンテージョ地方、アルガルヴェ地方
●構成：コーンミール＋水＋油脂

アレンテージョ地方では朝食やおやつとして作られている。"Papas"とは"離乳食や粥のようなもの"のことで、それ自体は甘くなく、ハチミツや三温糖をかけて食べる。パパシュ・デ・ミーリョの場合は、即席でできるトウモロコシ粥といえる。

コロンブスがトウモロコシをヨーロッパに持ち帰り、ポルトガルに伝来して以来、この国にトウモロコシを使った食べ物が根づいた。また16世紀、小麦、ライ麦、大麦とは違って、トウモロコシ栽培には税金がかけられなかったので、一気に全国で栽培されるようにもなった。トウモロコシは農作物をする人々に力を与える食べ物として好まれたのであろう。パパシュ・デ・ミーリョもそのひとつとして、ポルトガル人の生活に定着した。

11月1日の万聖節は、貧しい人に食べ物や物を与える日でもあった。その日は小皿に分けたパパシュ・デ・ミーリョを作りハチミツをかけて食べてもらうもてなしをした。現在パパシュ・デ・ミーリョは、普段は朝食やおやつとして食べられるが、11月1日の万聖節には昼食に出される。行事食として大切に扱われているのだ。

ちなみにアレンテージョ地方のカステロ・デ・ヴィデで作られるパパシュ・デ・ミーリョにはラードの代わりにオリーブオイルを入れる。カステロ・デ・ヴィデはレコンキスタ（711～1492年：キリスト教徒によるイスラム教徒からのイベリア半島の国土回復戦争）の影響で、スペインから逃げてきたユダヤ教徒らが改宗して新キリスト教徒として住んだ街。その影響もあって、この地のパパシュ・デ・ミーリョには豚の脂であるラードを使用せずオリーブオイルを使ったのかもしれない。

パパシュ・デ・ミーリョは食べるものが充分にない時代には、朝も昼も夜も食べてられていた。貧しい時代を象徴するような食べ物である。現在では、食事ではなく、食事のつけ合わせやおやつとして食べる。そして、ポルトガルの菓子でよく見られるように、仕上げに、鳩や小鳥や花などこの地の自然の中にあるものをシナモンで描くのは、ポルトガル人らしい遊び心だ。

パパシュ・デ・ミーリョ（直径20cmの皿1枚分）

材料
コーンミール（またはコーンフラワー）
　　…… 50g
水 …… 100㎖＋500㎖
塩 …… 2g
レモンの皮 …… 1個分
シナモンスティック …… …1本
ラード …… 25g
三温糖（またはハチミツ）…… 適量
シナモン …… 適量

作り方
1　コーンミールを水100㎖と混ぜ合わせる。
2　鍋に水500㎖、塩、レモンの皮、シナモンスティックを入れて沸騰させる。沸騰したらレモンの皮とシナモンスティックをとり除く。
3　2を火にかけたまま、1を少しずつ加え、絶えずかき混ぜる。ラードを加える。
4　3を皿に移す。3分待ち、表面に薄い膜が張ったら、三温糖をふる。
5　シナモンをふる。
　※ラードはバターで代用可。

パポシュ・デ・アンジョ

PAPOS DE ANJO

上質な軽さと風味豊かな香りが身上

●カテゴリー：デザート ●シチュエーション：ティータイム、デザート ●構成：スポンジ生地＋シトラス風味のシロップ

"天使の喉仏"という意味をもつ修道院生まれの菓子。粉を使わず、卵黄とグラニュー糖を泡立てて作るスポンジ生地は、ふわっとやわらかい。オーブンに入れて生地が型よりも上がってきたら、表面を指で軽く押して、わずかな弾力があるようなら中に火が通った証拠である。焼き色をつけないように焼くのが肝要だ。

スポンジ生地ができあがると、冷ましてからシロップにレモンやオレンジとシナモンやクローブを加えた香り豊かなシロップに浸す。このとき、オレンジキュラソーなどを少量加えて、風味をプラスする。ポートワインかブランデーでもよい。こうしてできあがったパポシュ・デ・アンジョは、奥行きのある香りに包まれ、つるんと飲み込めるほどの上質な軽やかさがある。現在、家庭で作ることはほとんどなく、高級なレストランなどでデザートとして作られ

るのも納得だ。

パポシュ・デ・アンジョのスポンジは別の菓子にも応用される。シロップに浸さず、横半分に切ってドース・デ・オヴォシュ（→P216）をはさみ、粉糖とシナモンをふりかけたものは、Maminhas de Noviça（マミーニャシュ・デ・ノヴィッサ。"若き新入り修道女の小さな乳房"の意味）という名前で売られている。

マミーニャシュ・ダ・ノヴィッサとは、修道院生まれの菓子のように聞こえるが、そうではない。新たなアイディアで誕生した、新・伝統菓子といったニュアンスの菓子だ。甘みの少ないフワフワの生地とねっとり濃厚なドース・デ・オヴォシュ（→P216）が素晴らしいハーモニーを醸し出す。エスプレッソコーヒーや抹茶によく合い、お茶席の菓子としても活躍してくれる。

パポシュ・デ・アンジョ（パステル・デ・ナタの型15個分）

材料
卵黄 …… 10個分
グラニュー糖 …… 50g
オレンジの皮（千切り）…… 50g
シロップ
　グラニュー糖 …… 100g
　水 …… 400㎖
　レモンの皮 …… 1/2個分
　オレンジの皮 …… 1/2個分
　オレンジの搾り汁 …… 1/2個分
　コアントロー …… 大さじ2

作り方
1 卵黄を泡立てる。やや白っぽくなってきたらグラニュー糖を加え、クリーム状になるまでさらに泡立てる。
2 型に1を7分目まで入れ、型を落として余分な空気を抜く。160℃のオーブンで15〜20分、表面がきつね色になるまで焼く。
3 型から外し、網の上で冷ます。
4 シロップを作る。鍋にグラニュー糖、水、レモンの皮、オレンジの皮を入れて火にかける。煮立ったら弱火にして、さらに5分煮る。レモンの皮、オレンジの皮をとり除き、火からおろして粗熱をとる。
5 4にオレンジの搾り汁とコアントローを加え、冷蔵庫で冷ます。
6 やや深さのある皿に3を並べ、5のシロップを静かにかけてヒタヒタの状態にする。
7 オレンジの皮を飾る。
※卵黄の生地の中にレモンやオレンジの皮のすりおろしを少量加えてもよい。
※シロップに使う酒は、コアントローのほか、ポートワイン、ラム酒、アニス酒など好みのものを。

パステイシュ・デ・バカリャウ

PASTÉIS DE BACALHAU

別名：ボーリーニョシュ・デ・バカリャウ／Bolinhos de Bacalhau

今やポルトガル人の食卓に欠かせないスナック

●カテゴリー：セイボリー ●シチュエーション：昼食、ブランチ、スナック ●構成：干しダラ＋ジャガイモ＋タマネギ＋卵＋パセリ＋揚げ油

ポルトガルを代表するスナックのひとつで、干しダラのコロッケ。大きさは、成人男性の親指サイズほどで、ラグビーボール状をしている。素揚げなので外側はしっかりとした歯応えがあり、半分に割ると裏ごししたジャガイモの間からふわ〜っとしたタラの身の繊維質が現れる。タラの塩気も心地よく感じられ、人気の高い干しダラを使った料理である。

パスティシュ・デ・バカリャウの歴史は、ポルトガルのジャガイモの歴史に呼応する。コロンブスによりアメリカ大陸からジャガイモがヨーロッパに持ち込まれ、18世紀末にポルトガルでのジャガイモ栽培が行われるようになって以降、19世紀半ばに作られ始められたと考えられている。

パステイシュ・デ・バカリャウのレシピが初めて文献に登場するのは、1876年に出版されたジョアオン・ダ・マッタ著『Arte de Cozinha（アルテ・デ・コジーニャ）』において。そこでは2つのパステイシュ・デ・バカリャウが紹介されており、ひとつはオランダ風レシピで粉チーズ入り、もうひとつが現在ポルトガルで食べられているもののとほぼ同じレシピだ。

1904年出版のカルロス・メロ著『Tratado de Cozinha e Copa（トラタード・デ・コジーニャ・イ・コーパ）』にも、ボーリーニョシュ・デ・バカリャウという名でパステイシュ・デ・バカリャウは登場する。このレシピでは、作り方が少し違う。卵白をピンと角が立つまで泡立てて、ジャガイモや干しダラと合わせてから、成形しながら揚げるやり方で、今もこの作り方を支持する人も多い。

これら2冊の本の出版、そして20世紀に入ると南部でもジャガイモ栽培が行われるようになったことで、北部ミーニョ地方生まれの干しタラ料理は全国に広がり、ポルトガル全土で愛されるようになった。

揚げるときは、2本のテーブルスプーンを使いラグビーボール型に成形しながら行う。手を汚さないで揚げる素揚げコロッケは、カフェや菓子屋にもおいていて、コーヒーとともに食べることができる。レストランではトマトや豆のリゾットと合わせて、ランチに食べるのが定番だ。

パステイシュ・デ・バカリャウ（10個分）

材料

干しダラを水で一晩もどしたもの
…… 1切れ（約100g）
男爵系ジャガイモ …… 150g
タマネギ（みじん切り）…… 大さじ2
卵 …… 1個
ナツメグ …… 少量
イタリアンパセリ …… 6g
揚げ油（サラダ油）…… 適量

作り方

1 干しダラは熱湯でさっとゆで、皮と骨をとりのぞき、ほぐした身を布巾に包んで、ふわっとした綿のようになるまで両手でもむ。
2 ジャガイモは皮ごとゆで、ゆであがったら皮を外し、つぶす。
3 1と2を合わせ、みじん切りにしたタマネギを加える。ときほぐした卵、ナツメグ、みじん切りにしたイタリアンパセリを混ぜ合せる。
4 揚げ油を180℃に熱し、2本のテーブルスプーンを使いラグビーボール形に成形して揚げる。
※テーブルスプーンで成形しにくければ、手でゴルフボール状に丸めてもよい。

パステイシュ・デ・ココ

PASTÉIS DE COCO

濃厚なココナッツのフィリングを詰めたミニタルト

●カテゴリー：タルト ●シチュエーション：ティータイム ●構成：ナタ生地＋ココナッツフィリング

パステル・デ・ナタ（→P164）同様、型に沿って生地をのばした中に、ココナッツのフィリングを絞り出して焼いた小さなタルト。

こっくりとしたココナッツフィリングの甘みに、ザクッとした舌触りした生地が口の中で絡み合う。そして表面のほんのりとした焦げ目が、いかにも食欲をそそる風味となって広がる。16世紀末、当時植民地であったブラジルで栽培されたココナッツがポルトガルに運ばれ、選ばれた修道院でのみ高価で貴重なココナッツの菓子が作られ始められた。パステイシュ・デ・ココが誕生したのも、この頃であったようだ。

1821〜25年のブラジル独立戦争により、ココナッツの入手が困難になるとパステイシュ・デ・ココも姿を消した時期があった。20世紀に入り、ココナッツを安価で輸入することができるようになると、再びパステイシュ・デ・ココが作られるようになる。途絶えていた期間があったにも関わらず、再開されるようになった背景には、それだけパステイシュ・デ・ココがポルトガルの人々の嗜好に合っていたといえる。

パステイシュ・デ・ココは大人気の菓子ではないが、全国どのカフェや菓子屋でもお目にかかれる。

このタルトのココナッツフィリングは、ほかの菓子にも見られる。フィリングだけを絞り出しドレンチェリーをのせてオーブンで焼いた菓子はSortido de Coco（ソルティード・デ・ココ。"ココナッツのアソート"の意）と呼ばれ、親しまれている。ほかにも、練乳とココナッツファインを混ぜ合わせて小さなボール状にし、グラニュー糖またはココナッツファンをまぶした菓子は、Beijinhos de Coco（ベイジーニョシュ・デ・ココ。"ココナッツ入りの小さなキス"の意）といい、焼いたり揚げたりといった加熱調理の必要がないので、ポルトガルの子どもたちにとっての、初めての菓子作りの定番になっている。

パステイシュ・デ・ココ （直径7cmのナタ型8個分）

材料
ナタ生地（→P165）…… 160g
ココナッツフィリング
　ココナッツファイン …… 200g
　熱湯 …… 50mℓ
　グラニュー糖 …… 180g
　卵 …… 2個
ドレンチェリー …… 4個

作り方
1　ナタ生地を厚さ1.5〜2mmにのばし、切り口を上にして型に入れ、のばす。
2　ココナッツフィリングを作る。ココナッツファインに熱湯を加え、ふやかす。
3　2にグラニュー糖を混ぜ合わせる。さらに卵を加え、よく混ぜる。
4　1に3を星型の口金をつけた絞り袋で50gほど絞り出し、半分に切ったドレンチェリーをおき、230℃のオーブンで13分焼く。表面が焦げつかないように、途中アルミホイルで覆う。

パステイシュ・デ・フェイジャオン

PASTÉIS DE FEIJÃO

白インゲンのふくよかな餡入りタルト

◀◆▶◀◆▶◀◆▶◀◆▶◀◆▶◀◆▶◀◆▶◀◆▶◀◆▶◀◆▶◀◆▶◀◆▶◀◆▶◀◆▶◀◆▶◀◆▶◀◆▶

●カテゴリー：タルト ●シチュエーション：ティータイム、スナック ●エリア：リスボンおよびリスボン近郊
●構成：マッサ・テンラ＋白インゲン餡

　リスボンの北50kmに位置する街、トーレシュ・ヴェードラシュの銘菓。白インゲン豆の餡入りのタルトである。白インゲン豆の風味がしっかりと伝わり、日持ちもよい。じっくりと炊いた白インゲン豆を裏ごしし、粉末にしたアーモンドとともにシロップで煮て、卵黄を入れた餡をゆっくりと作っていく。

　薄いタルトレットの皮はパリっとしていて、中の白インゲン豆の餡は、卵黄クリームのドース・デ・オヴォシュ（→P216）よりもややあっさりとした上品な甘みで、豆そのものの素朴なおいしさを残しながらも、アーモンドと卵黄を加えることでコクと深みが加わる。

　パステイシュ・デ・フェイジャオンは、この街の修道院で作られていたものを、19世紀末にジョキーナ・ロドリゲス・ダ・シルヴァ家の人々が商売として売り出したのが始まりとされる。

　当時は1日数十個の生産にすぎなかったが、20世紀半ばには創業者の息子らにより2軒の専門店が、1940年に「コローア」、1947年に「ブリザォン」がオープンした。豆を煮て裏ごしすることも

アーモンドを挽くことも、機械の導入により製造時間と労力が短縮され効率が大幅にアップした。

　現在、人口8万人ほどのトーレシュ・ヴェードラシュの街には菓子店が20軒ほどある。年間のパステイシュ・デ・フェイジャオンの生産量は150万個で、小さな豆の菓子が街の経済を動かしている。

　豆をよく食べるポルトガルでは、白インゲン豆やヒヨコ豆を使っても、ほぼ同じやり方でこの菓子を作る。ただしヒヨコ豆には薄皮がついているので外すのが必須だ。このヒヨコ豆使用の餡はクリスマスやカーニバルに食べる揚げ菓子のAzevias（アゼヴィーシュ）のフィリングになったりもする。しっかりとしたヒヨコ豆のカボチャの甘みにも似た味がダイレクトに伝わってくる。

　いずれも豆を使う場合は、アーモンドと卵黄を加えて餡にすることが多い。もとよりホクホクした男爵イモのような食感の豆がコクのある味わいに変身して、菓子として食べるというわけだ。

◀◆▶◀◆▶◀◆▶◀◆▶◀◆▶◀◆▶◀◆▶◀◆▶◀◆▶◀◆▶◀◆▶◀◆▶◀◆▶◀◆▶◀◆▶◀◆▶◀◆▶

パステイシュ・デ・フェイジャオン（直径4cmのナタ型20個）

材料
マッサ・テンラ（→P214）…… 100g
グラニュー糖 …… 250g
水 …… 125g
白インゲン豆（ゆでたもの）…… 125g
アーモンドプードル …… 75g
卵黄 …… 5個分
薄力粉 …… 適量
粉糖 …… 適量

作り方
1　マッサ・テンラを厚さ1mmにのばし、ナタ型に敷く。
2　鍋にグラニュー糖と水を入れ、115℃まで煮詰める。
3　裏ごしした白インゲン豆を加えて混ぜ合わせ、アーモンドプードルを加え、よく混ぜ合わせたら火にかける。約10分煮る。
4　3に卵黄を加え、再び弱火にかける。木べらで常に鍋底をこそげるように混ぜながら、ふつふつと煮立ってきたら火を止め、バットにあけて冷ます。
5　1に4を型の8分目まで絞り出す。軽く薄力粉をふり、さらに粉糖をふる。
6　200℃のオーブンで30分焼く。
　※缶詰の白インゲン豆を利用するときは、缶のにおいを取り除くために水洗いしてから使用する。
　※焼く前に、白インゲン豆を飾りにおいてもよい。

パステイシュ・デ・テントゥガル

PASTÉIS DE TENTÚGAL

ウィーンの伝統菓子そっくりのバリバリ食感

●カテゴリー：焼き菓子 ●シチュエーション：ティータイム ●エリア：コインブラ・テントゥガル村
●構成：ナタ生地＋ドース・デ・オヴォシュ

ウィーンの伝統菓子にアプフェルシュトゥルーデルという菓子がある。シュトゥルーデルという薄い生地に甘く煮たリンゴを巻いて焼いたもので、そのルーツはトルコ菓子のバクラヴァとされる。一般的なパイ生地のバリバリのさらに上をいくバリバリの食感があり、口にするたびに、その音まで聞えてきそうなほどだ。

このアプフェルシュトゥルーデルに非常に似た菓子がポルトガルのコインブラのテントゥガル村にもある。パステイシュ・デ・テントゥガルがそれだ。フィリングが甘く煮たリンゴではなく、ドース・デ・オヴォシュ（→P216）であるあたり、さすがポルトガルといったところだ。

シュトゥルーデル生地の場合、「新聞の上においたときに、生地を通して新聞生地が読めるほど薄いこと」が肝要とされ、パステイシュ・デ・テントゥガルの生地においても「上においたときにハガキの字が読めるまで」のばす。

そう聞くと大変そうに思えるが、よくのびる生地なので、やさしく扱えばさほど大変ではない。テントゥガル村のある家では、1階に布を敷き詰めて50㎡（約7×7m）ほどもの大きさにのばすところもあるぐらいだ。スペースこそとるものの、みるみる生地が広がっていく。慣れていればいとも簡単に作ることができるのだ。市販のフィロ生地を使ってもよいだろう。

パステイシュ・デ・テントゥガル（8個分）

材料

ナタ生地
　薄力粉 …… 100g
　強力粉 …… 100g
　サラダ油 …… 大さじ2
　ぬるま湯 …… 100㎖
　塩 …… 少量
　とかしバター …… 100g
ドース・デ・オヴォシュ（→P216）
　…… 120g
粉糖 …… 適量

作り方

1 ナタ生地を作る。薄力粉と強力粉を合わせてふるう。作業台に山のように盛り、真ん中をくぼませる。

2 くぼみにサラダ油、塩をとかしたぬるま湯を入れ、10分こねる。

3 生地をまとめ、表面に薄くサラダ油（分量外）を塗り、ボールに入れ、布巾などをかぶせて室温で1時間休ませる。

4 布に粉（分量外）をふり、生地を麺棒で厚さ1mmにのばす。生地を4等分にする。

5 生地と布との間ににぎりこぶしを入れ、両手の背に生地をひっかけて、40×30cmの大きさにのばす。

6 生地の角や端の厚みのある部分は切り落とし、10cm×15cmの長方形にカットする。

7 1枚の生地の表面にとかしバターを塗り、生地を1枚重ねる。これを全部で3回繰り返し、生地を4枚重ねる。4枚目の生地にとかしバターを塗ったら、中央にドース・デ・オヴォシュを15gおき、両側から折り畳む。

8 200℃のオーブンで25分焼く。焼き上がって粗熱がとれたら粉糖をふる。

パステル・デ・ナタ
PASTEL DE NATA
別名：ナタ／Nata

パリッ、サクッ、トロリの食感が楽しめる、エッグタルトの元祖

●カテゴリー：タルト ●シチュエーション：ティータイム、朝食、ブランチ ●構成：ナタ生地＋クリーム

パステル、複数形でパステイシュ（Pastéis）は"粉を練ったもの"という意味。イタリアのパスタと同じ語源だ。ナタは乳の脂肪分、生クリーム、またはクリーム状のものを指す。

ポルトガル人に「一番好きなお菓子は？」と尋ねたら、おそらく大半がパステル・デ・ナタと答えるだろう。北から南まで、果てはマデイラ諸島からアソーレス諸島にいたるまで、どこのカフェにもおいている。修道院生まれの伝統菓子としては珍しく全国どこにでもあり、老若男女を問わず人気があ

る。ポルトガル人はこのパステル・デ・ナタを略して"ナタ"と呼ぶ。

しっかりと焼けた皮生地と、焦げ目のついたやわらトロリとやわらかいクリームとが融合して、パリッ、サクッ、トロリという三拍子のリズムが口の中で広がる。シナモンを少しふりかけるとノスタルジックな味わいになり、初めて食べてもどこか懐かしい。ポルトガルのエスプレッソコーヒー、ビッカとの相性は絶妙だ。

翻訳されたポルトガルの伝統菓子の書物で

（次ページに続く）

パステル・デ・ナタ（25〜30個）

材料

ナタ生地
中力粉 …… 800g
塩 …… 5g
グラニュー糖 …… ひとつまみ
無塩バター …… 80g
水 …… 400mℓ
無塩バター（折り込み用）…… 700g
クリーム
牛乳 …… 1ℓ
卵黄 …… 10個分
薄力粉 …… 50g
コーンスターチ …… 50g
グラニュー糖 …… 350g

作り方

1 ナタ生地を作る。ミキサーに中力粉、塩、グラニュー糖、無塩バターを入れ、水を少しずつ加えて混ぜ合わせる。耳たぶほどのかたさになり、ボウルにつかなくなったら取り出し、10分休ませる。

2 折り込み用の無塩バターはテーブルに叩きつけ、30cm×20cmの長方形にのばす。

3 2のバターを1の生地で包み、3つ折りを1回、4つ折りを1回した後、厚さ3〜5mmの長方形にのばす。生地の横の部分から空気が入らないように巻く。乾燥しないようにラップに包み、30分〜1時間冷蔵庫で休ませる。

4 ロール状の生地を直径3cmの大きさになるように転がしながらのばす。

5 2〜2.5cm幅にカットし、切り口を上にして型におく。30分休ませる。

6 両手の親指を使って生地を型に沿わせて広げ、生地が型から3mmほど出るようにのばす。指を水にぬらすと作業しやすい。

7 クリームを作る。薄力粉、コーンスターチ、グラニュー糖を合わせてよく混ぜる。

8 鍋に牛乳を入れて火にかけ、ぶつぶつと沸騰し始めたら、7を一気に加え、泡立て器で混ぜ合わせる。

9 とろりとしてきたら、粉くささがなくなる程度までさっと煮る。くるくるかき混ぜると糊になるので、泡立て器は前後に使うようにする。火からおろす。

10 人肌になるまで冷めたら、卵黄を加え、泡立て器で混ぜ合わせる。

11 10のクリームを6に入れる。

12 280℃のオーブンで10分、天板の前後を入れ替えて5〜10分、表面に黒い焦げ色がつくまで焼く。

13 オーブンから出してすぐに霧吹きでさっと水をかけ、つやを出す。
※まだ温かいうちに、シナモンと粉糖をかけて食べるのがおすすめ。

PASTEL DE NATA

は"カスタードパイ"や"クリームペイストリー"などと訳され、作り方も少し異なったものが紹介されることがある。

パステル・デ・ナタは、皮生地が通常の折り込みパイ生地であるフィユタージュ生地よりも折る回数が少ない。そして薄くのばしてあらかじめ型の大きさにカットして型に入れるのではなく、ロール状に巻いてカットしたものを折り目を縦にして型に敷き、型に沿わせるように生地をのばす。そして中のクリームは生牛乳を煮つめたものを入れるのが伝統的なやり方だ。カスタードクリームに近いが、それよりもやわらかい。

高温のオーブンで焼いて、表面の焼き色が黒焦げといってもいいほどしっかりつけることも大事だ。この焼き色をポルトガル人は好み、「よく焦げているものをひとつ!」という注文をカフェでよく耳にする。

かつて修道院および尼僧院では、王族や貴族の祭事があるごとに贈り物として菓子を手がけていた。18世紀始めには、南部にあるエヴォラのサンタ・クララ尼僧院、北部アロウカのアロウカ修道院、そしてリスボン西部ベレンのジェロニモス修道院の、少なくともこの3カ所でパステル・デ・ナタが作られていた。クリームのレシピは現在のものとまったく同じだが、生地は皮生地と記載されているだけで詳しい記録はない。

この当時から、ベレンのジェロニモス修道院のものが、群を抜いてそのおいしさで有名だったとされる。記録によると、ベレンでは1739年には、ジェロニモス修道院の最高位の菓子職人だったマヌエル・ダ・シルバが、現在のジェロニモス修道院の大通りで売っていて、地元の人たちに広く知られていたようだ。

マヌエル・ダ・シルバが個人的に販売していたのか、修道院として売っていたのかは定かではないが、一般に売られるようになった背景には、ドン・ジュアン5世(1707～50年)の経済政策によって修道院の収入が激減したからという事情があると思われる。

当時、困窮を極めたポルトガルの財政を立て直すため、王族まがいの生活を送っていた僧侶に対して乱費制限などの政策が打ち出されたのだ。当てにしていた寄付などの収入が閉ざされた修道院は、身近なもの、つまり菓子などを売ることになったようだ。

1834年5月28日づけの勅令によってすべての修道院が廃止され、その財政は教会の管轄から外された。尼僧だけは尼僧院にとどまることを許されたが、生活の糧を得るため、これまで外部に売ることがなかった菓子を大々的に一般向けに売るようになった。現在修道院生まれの菓子を作る女性たちは、彼女らの祖母らが尼僧と交流があり、尼僧から祖母らへ伝授されたレシピを継承しているという。パステル・デ・ナタもこうして各地で食べられるようになったのである。

こうした背景を経て、パステル・デ・ナタは、18世紀から菓子業界で商業ベースにのって発展したと思われる。作り方が複雑なことと高温に対応するオーブンが必要であることから、家庭では作ることは稀だ。パステル・デ・ナタは家庭の味ではなく、あくまでも菓子店やカフェの菓子なのである。そして修道院生まれだが、特に宗教行事に食べるというのではなく、日常の菓子として、今日もショーケースに並んでいる。

PASTEL DE NATA'S VARIATION

ボン・ボカード
BOM BOCADO

パステル・デ・ナタの生地違い

- カテゴリー：タルト
- シチュエーション：ティータイム
- 構成：タルト生地＋パステル・デ・ナタのクリーム

　パステル・デ・ナタ（→P164）を、フィリングのクリームは同じで、外の皮をタルト生地にしたものがこれ。グラニュー糖入りの生地なので、パステル・デ・ナタ（→P164）よりも甘め。焼くときには、表面は焦げ目をつけるようにして、タルト生地は焦げないように注意が必要だ。レモンの皮のすりおろしを加えて、クリームに変化を与えることもある。パステル・デ・ナタ（→P164）を食べたときを、パリッ、サクッ、トロリの三拍子で表現するとしたら、こちらは、サクッ、トロリの二拍子。ポルトガル全域のカフェで食べられる。

ボン・ボカード
（直径7cmのナタ型11個分）

材料
タルト生地
　薄力粉 …… 200g
　バター …… 70g
　グラニュー糖 …… 100g
　卵 …… 1個
パステル・デ・ナタのクリーム（→P165）…… 550g

作り方
1　タルト生地を作る。バターを練り、グラニューを加えよく混ぜる。白っぽくなったらときほぐした卵を少しずつ加える。薄力粉を加えて、ひとまとめにする。冷蔵庫で30分休ませる。
2　厚さ3mmにのばし直径9cmの菊型で抜き、ナタ型に敷く。パステル・デ・ナタのクリームを50gずつ入れる。
3　250℃のオーブンで15分焼く。
　　※パステル・デ・ナタのクリームにレモンの皮のすりおろしなどを加えてもよい。

ペーラシュ・ベーバダシュ

PÊRAS BÊBADAS

ポルトガルならではワインを使う果物のコンポート

●カテゴリー：デザート ●シチュエーション：デザート ●構成：果物＋ワイン＋砂糖＋レモン

平たくいうと、洋梨のコンポート。ヨーロッパ各地で見られる、旬の時期にたくさんとれる果物の保存方法のひとつであり、おいしく食べるための手段でもある。

ワインを使ったりレモンの皮を加えたりするところは、どの国でも共通。必ず使うという決まりがあるわけではないが、ポルトガルではモスカテルワインを使うことも少なくない。

モスカテルワインは、日本での知名度はさほど高くないと思われるが、鼻にツンとくるような甘い香りのリキュールのようなワイン。甘みの強いブドウ品種のモスカテルを原料に、発酵途中で、アグアルデンテと呼ばれるブランデーに似たポルトガルの蒸留酒を加え、樽で2年寝かせて造る。

ワインではあるが一般的な食中酒として飲むタイプではなく、年数の若いものは食前酒として、長年寝かしたものは食後酒として飲む。ポートワインやシェリーのような立ち位置のワインである。若いうちは琥珀色、歳月を経ると褐色に変わる。

このモスカテルワインを使うコンポートは、ふくよかな味わいと豊かな香りが持ち味だ。若いワインを使うとフレッシュ感があり、長年熟成させたものは奥深さと複雑さを生み出す。洋梨の高貴な味わいや香りと相まって、上質な果物のデザートとなる。

本書では果物に洋梨を使っているが、ほかの果物でも応用ができる。桃やプラム、イチジクなどを使ってもよいだろう。

食べるときは、そのままでも充分においしいが、アイスクリームを添えたり、生クリームやヨーグルトをかけたりしても美味である。

ペーラシュ・ベーバダシュ (作りやすい分量)

材料
洋梨 …… 5個
水 …… 500㎖
グラニュー糖 …… 250g
レモンの皮 …… 1個分
赤ワイン …… 100㎖
モスカテルワイン …… 50㎖

作り方
1 鍋に水、グラニュー糖、レモンの皮を入れて煮立てる。
2 煮立ったら火を弱めて、皮をむいた洋梨を縦に入れる。やわらかくなるまで15～20分煮る。
3 火からおろし、赤ワインとモスカテルワインを入れてそのまま冷ます。充分に冷めたら冷蔵庫へ入れる。
※洋梨は丸ごとでなく、半分や1/4にカットしてもよい。

ピニョアーダ

PINHOADA

別名：ピニョアーダ・デ・アルカセル・ド・サル／Pinhoada de Alcácer do Sal

シンプルの極み。松の実とハチミツだけで作る

●カテゴリー：飴菓子 ●シチュエーション：ティータイム、おやつ ●エリア：アルカセル・ド・サル、アレンテージョ地方
●構成：松の実＋ハチミツ

アレンテージョ地方に位置するアルカセル・ド・サルの銘菓。和菓子にも似た上品な雰囲気が漂うこの菓子の原材料は、ハチミツと地元の特産物である松の実のみ。シンプルでありながら栄養満点の昔ながらの菓子である。

アルカセル・ド・サルは土地が砂地で松林が多い。この地の松の実は象牙色で平均の長さが2.47cmもある大粒なものだ。大航海時代には高カロリーで長期保存できる食物として大変重宝された。

現在の松の実は高価なもの。とはいえ、焙って塩をふっておつまみとして、また地元の菓子の材料として幅広く使われる。クリスマスを彩るナッツとしても必須の素材で、ほんの少しデザートの上にあしらうだけで、とても贅沢な気分を味わえる。

松の実をとったあとの松ぼっくりは暖炉に最初の火をつけるときにすぐ燃えるので、暖炉がある家には薪とともに蓄えられている。

ところで、ポルトガルの松の木は松らしいシャープ感がない。巨大ブロッコリーのような形状だ。これは日本の松との品種の違いによるもので、ポルトガルとスペインには地中海原産のイタリアカサマツが広く分布している。

おもしろいのは、ポルトガルで松の木は、クリスマスツリーに使われることだ。毎年時期になると、青空市場でクリスマスツリー用に松の木が売られている。

松ぼっくりはクリスマスの飾りとしても重宝され、ポルトガルのそれは、高さは15cmくらい、直径は一番太いところで10cm近くもある大きなものだ。

このように松の木が身近な存在であるポルトガルおいて、松の実を使った菓子のピニョアーダは全国的な人気を誇り、祭りでも売られるほどだ。ここまで広がった背景には長距離バスの発達がある。バスの中でのおやつに、そしておみやげとして、ピニョアーダは喜ばれたからだ。

気軽な菓子である反面、ちょっとしたもてなしにもピニョアーダは使われる。オレンジの葉の上にのせると、ぐっとよそゆき風になる。

ピニョアーダ（12個分）

材料
松の実 …… 120g
ハチミツ …… 140g

作り方

1 松の実は160℃のオーブンで10分ローストする。
2 鍋にハチミツを入れて弱火で温め、沸騰してきたら1の松の実を加える。弱火で混ぜ合わせ、カラメル色になったら火からおろす。
3 クッキングシートに2をおき、クッキングシートで覆い、麺棒で厚さ5〜7mmにのばす。表面のクッキングシートを外す。
4 10分以上経ってかたまったら、菱形に切る。
　※松の実はフライパンで炒ってもよい。
　※仕上げにオブラートに包むか、オレンジの葉にのせるとよい。オレンジの葉にのせる場合は湿気やすいので注意。

プディン・デ・レイテ
PUDIM DE LEITE

大きな型で作って切り分けて食べるカスタードプリン

●カテゴリー：プリン ●シチュエーション：ティータイム、デザート、祝い菓子 ●構成：牛乳＋砂糖＋卵

　直訳すると"牛乳のプリン"、日本でいうところのカスタードプリンである。プディン・デ・レイテは確かに見た目はカスタードプリンに似ているが、食感は別物。日本のやわらかいカスタードプリンとは異なり、ねっとりとした重みがある。

　もうひとつの違いは大きさ。プディン・デ・レイテは小分けではなく、大きな型で作る。そうしてできあがったら、切り分けてそれぞれの皿に移してから食べるのだ。

　この大きさが特別感があるためか、日本のプリンと異なり、プディン・デ・レイテは、誕生日やクリスマス、結婚式や洗礼式など、特別な機会に食される。

　ポルトガルには、プディン・デ・レイテ専用の大きなアルミ製のプリン型がある。製法でいうと、カラメルは別鍋で作らず、直接プリン型で作るのも特徴だ。どうするかというと、プリン型に直接グラニュー糖を入れて火にかけ、まずはカラメルを作る。その後、プリン液を流し入れプディン・デ・レイテを作るのだ。

　プリン液は人それぞれ配合があるが基本的な材料は牛乳、グラニュー糖、卵。材料が入った型を、水を張ったひと回り大きな鍋に入れて弱火の火加減で蒸す。

　プディン・デ・レイテはバリエーションがいくつもあり、代表的な2つ、プディン・ド・アバーデ・デ・プリシュコシュ（→P174）とプディン・デ・バターダ（→P176）を次のページから紹介する。ほかに、プディン・デ・レイテに似た菓子もあり、全卵、牛乳で作るプリンのPudim Flan（プディン・フラン）や、全卵と牛乳、たっぷりの卵黄を使用して作るPudim Francês（プディン・フランセーシュ）がそうだ。

プディン・デ・レイテ（直径15㎝ふたつきプリン型1台分）

材料
牛乳 …… 500㎖
グラニュー糖 …… 400g
卵黄 …… 10個分
卵 …… 1個
中力粉 …… 15g
ポートワイン …… 少量
カラメル
　　グラニュー糖 …… 100g
　　水 …… 15㎖

作り方
1 カラメルを作る。プリン型にグラニュー糖と水を入れて直火にかけ、中火で熱する。カラメル状になったら火を止める。プリン型を回し、底だけでなく側面にもカラメルをいきわたらせる。
2 中力粉にポートワインを加え、とろりとするくらいにとく。
3 グラニュー糖、卵黄、卵をさっと混ぜ合わせ、牛乳と2を混ぜ合わせる。
4 1のプリン型に3を注ぐ。
5 パラフィン紙のような薄い紙をはさんでふたをする。
6 鍋に水を入れて沸かし、沸騰したらしたら5をおき、鍋のふたをし、布巾をかぶせ、ごく弱火で20分蒸し焼きにする。火を止めてそのまま20分おいてからとり出す。

PUDIM'S VARIATION 1

プディン・ド・アバーデ・デ・プリシュコシュ

PUDIM DO ABADE DE PRISCOS

濃厚な味わいのプリンは、なんとベーコンの脂入り

●カテゴリー：プリン ●シチュエーション：デザート、祝い菓子 ●エリア：ポルトガル北部
●構成：砂糖＋卵黄＋水＋ポートワイン＋ベーコンの脂

アバーデとは"司祭長""修道院長"の意味、プリシュコシュはポルトガル北部の街ブラガにある村の名前。直訳すると"プリシュコシュ村の司祭長のプリン"となる。19世紀に実在したプリシュコシュ村の司祭長、マルエル・ジョッキーン・マシャード・レベドに由来する菓子だ。

マルエル・ジョッキーン・マシャード・レベドは司祭長であったが、王族や貴族、政治家や芸術家などをもてなせるほどの料理の腕をもち、彼が考案したのがこのプリンである。

ポルトガルには目を見張るほど多くの種類のプリンがある。そのなかでもプディン・ド・アバーデ・デ・プリシュコシュはひときわ個性を見せる。一見、卵黄のプリンのPudim de Gema（プディン・デ・ジェマ）や卵のプリンのPudim de Ovos（プディン・デ・オヴォシュ）と類似しているが、大きく異なる点がある。

それはプディン・ド・アバーデ・デ・プリシュコシュには、トッシーニョと呼ばれるベーコンの脂か生ハムの脂が入っているのだ。一般人の感覚では理解しがたく、何の目的でベーコンの脂を入れることを考えついたのかは謎に包まれている。有名料理人のプライドにかけて、少しでも目先の違うものを考案したかったのかもしれない。

ベーコンの脂の効果だろうか、卵黄の旨みが存分に引き出されたこのプリンは、甘くねっとりと舌にまとわりつくような濃厚さがある。ベーコンの脂はごく穏やかで、内容を知った上で食べて初めて認識できる程度で、さほど気にならない。

カフェや菓子店ではプディン・ド・アバーデ・デ・プリシュコシュを見ることははがないが、ブラガとポルトのレストランではデザートとして出している店もある。

プディン・ド・アバーデ・デ・プリシュコシュ（真ん中に穴のある、直径18cm×高さ18cmのプリン型1台分）

材料
グラニュー糖 …… 400g
水 …… 500㎖
ベーコンまたは生ハム …… 50g
シナモンスティック …… 1本
レモンの皮 …… 1個分
卵黄 …… 15個分
ポートワイン …… 60㎖
カラメル
　グラニュー糖 …… 150g
　水 …… 150㎖

作り方
1 カラメルを作る。プリン型にグラニュー糖と水を入れて直火にかける。少し煙が出てきて、こげ茶色になったら火からおろし、型全体にカラメルをいきわたらせる。
2 鍋にグラニュー糖、水、ベーコン、シナモンスティック、レモンの皮を入れ、103℃まで煮る。ざるで濾す。
3 ボウルに卵黄を入れ、よくときほぐす。2を熱いうちに少しずつ入れる。ポートワインを加える。もう一度濾し、1のプリン型に静かに流し入れる。クッキングシート、アルミホイルで表面を二重に覆う。
4 底の厚い鍋に水をはり、3を入れ、ふたをして中火にかける。沸騰する直前に弱火にして30分火にかける。
5 型ごと冷まし、充分に冷めたら皿にひっくり返す。
※ベーコンは燻したものを使用しないこと。

▶ ◀ ▶ ◀ ▶ ◀
PUDIM'S VARIATION 2

プディン・デ・バタータ

PUDIM DE BATATA

ジャガイモのピュレが入ったどっしりプリン

●カテゴリー：プリン ●シチュエーション：デザート、祝い菓子 ●エリア：リスボン ●構成：卵＋ジャガイモ＋牛乳＋バター＋砂糖

首都リスボンのオディヴェラシュにあるサン・デニス修道院とサン・ベルナルド修道院で作られていた"ジャガイモのプリン"。その名のとおり、プリン液にジャガイモのピュレを入れて作った菓子である。

カボチャやサツマイモのプリンは日本でもよく目にするが、ジャガイモのプリンとは、なかなかおもしろい発想だ。ジャガイモを入れることで、スが立たず、どっしりしっかりとした舌ざわりになるのが特徴。ジャガイモのピュレ感もあり、なめらかな食感をもつ。

ポルトガルの歴史を振り返ってみてみると、プリンにジャガイモを入れるようになったのは、納得できるところがある。コロンブスがアメリカ大陸を発見し、ヨーロッパにジャガイモを持ち帰り、ポルトガルにも16世紀にスペイン人により伝えられた。

ポルトガルに入ってきたジャガイモは、17世紀末まで家畜の餌として、そして奴隷や貧しい人の食べ物であった。18世紀後半になると高貴な人々もジャガイモのおいしさを認め一気に栽培が広がる。ポルトガルでは18世紀半ば北部トラシュ・オシュ・モンテシュ地方で最初のジャガイモ栽培がはじまった。その後は全国でジャガイモが栽培されるようになった。

20世紀の半ばまで世界の生産量の多くがヨーロッパであったことを考えると、いつも身近にあったジャガイモをプリンに入れたのは何ら不思議ではなかったのかもしれない。

現在ポルトガルでは47000ヘクタール、年間70万トンものジャガイモが栽培されている。アヴェイロ、ヴィゼウ、モンティージョ、西部リバテージョ地方がジャガイモの主な産地だ。

ポルトガルでは、パンも米もよく食べる。これらと同様、ジャガイモの消費量も多い。いつも台所にあるポルトガル人にとって身近な素材を菓子にも利用した、それがプディン・デ・バタータなのである。

プディン・デ・バタータ（直径23cmのエンゼル型1台分）

材料
ジャガイモ …… 200g
バター …… 75g
卵黄 …… 10個分
グラニュー糖 …… 300g
牛乳 …… 250ml
カラメル
　グラニュー糖 …… 100g
　水 …… 15ml

作り方

1. ジャガイモの皮をむいて鍋に入れ、ひたひたに水（分量外）を入れ、弱火で煮る。ジャガイモが煮えたらざるにあける。ポテトマッシャーかフォークでつぶし、バターを入れる。
2. 卵黄とグラニュー糖をよく混ぜ合わせ、1に加えてよく混ぜる。牛乳を少しずつ加える。
3. 型にグラニュー糖と水を直接入れて火にかけ、カラメルを作る。フライパンにグラニュー糖と水を入れ、ゆすりながら強火で熱する。周りから煙が出て、こげ茶色になったら火を止める。
4. 3に2を流し入れ、湯をはった天板におく。180℃のオーブンで35分蒸し焼きにする。
5. オーブンから取り出し、型に入れたまま冷ます。充分に冷めたら冷蔵庫に入れて1晩おく。
6. 皿にひっくり返す。

ケイジャーダ

QUEIJADA

あっさりした味わいのポルトガル版チーズタルト

●カテゴリー：タルト ●シチュエーション：ティータイム ●構成：マッサ・テンラ＋チーズフィリング

　地域色が強いポルトガルでは、そのエリアでないと食べられない菓子が多くあるが、もちろん全国で親しまれているものもある。その際たるものは、日本ではアレンジしたものがエッグタルトとして知られるパステル・デ・ナタ（→P164）。ほかにもタルトで、ポルトガル全土で愛されているのがこのケイジャーダだ。

　ケイジャーダは平たくいうと、チーズタルト。しかし、一般的なチーズタルトと違い、バリバリとした食感の皮生地、おだやかな味わいのチーズのフィリングだ。比較的あっさりとしていて、一度に何個でも食べられそうなほどである。

　エリアや店による違いもある。もっとも有名なのは、リスボンから西へ約30kmの街、シントラのものだろうか。ここのケイジャーダはフィリングにシナモンをきかせる。一説には、天正遣欧少年使節も食べたとか。フィリングで使うチーズが肝と、フ

レッシュチーズから手がける店もある。

　ケイジャーダももとは修道院で作られていたものだ。修道院では洗濯の糊づけに卵白を利用しており、余った卵黄の利用方法として、地元の牛の乳と合わせたものをフィリングとした菓子、それがケイジャーダだったとされる。

　ちなみに、ポルトガル語でチーズは"queijo（ケイジョ）"。ここから派生して、チーズを使ったタルトがケイジャーダとなったのは明白だ。

　本書のレシピではカッテージチーズを使っているが、好みのチーズでよい。チーズの原材料、牛、羊、山羊の乳など、チーズの違いにより、それぞれ違った味わいのケイジャーダに仕上がる。また、アレンテージョ地方では、生地をひも状にのばして模様を表面につけて、オーブンで焼いたケイジャーダもある。

ケイジャーダ（直径6cmのタルトレット型8個分）

材料
マッサ・テンラ（→P214）…… 約200g
カッテージチーズ …… 250g
卵黄 …… 4個分
グラニュー糖 …… 125g
薄力粉 …… 15g
とかしバター …… 25g

作り方
1　マッサ・テンラ（→P214）を厚さ2mmにのばす。
2　型を隙間をあけずに並べ、のばした生地を並べた型の上におく。
3　切れ端の生地50gほどをまとめて丸め、2の生地を型にフィットさせるように軽く叩き、型と生地の間の空気を抜く。型に生地がくっついたら、麺棒を転がし、型に生地をしっかりと敷く。
4　フィリングを作る。カッテージチーズを裏ごしし、卵黄、グラニュー糖、薄力粉、とかしバターと混ぜ合わせる。
5　4を3に8分目まで入れる。180℃のオーブンで20分焼く。
6　焼き上がったら型ごとひっくり返して5分おき、その後、型から出す。

ケイジーニョシュ・デ・アーメンドア

QUEIJINHOS DE AMÊNDOA

小さなチーズに見立てたマジパン菓子

●カテゴリー：マジパン菓子 ●シチュエーション：ティータイム、祝い菓子 ●エリア：アルガルヴェ地方、アレンテージョ地方、ベイラ地方
●構成：マジパン＋ドース・デ・オヴォシュ

アーモンドを主原料としたマジパン菓子。当然、アーモンドの生産量の多い地域や近郊で多く作られている。ポルトガル北部のベイラ地方、アレンテージョ地方のエヴォラ、南部のアルガルヴェ地方がそれに該当する。

ケイジーニョシュ・デ・アーメンドアの発祥は定かではない。"Queijinhos（ケイジーニョシュ）"とは"小さいチーズ"の意味で、白く小さなその形をマジパンで模したのが、この菓子である。乳白色のマジパンの中にドース・デ・オヴォシュ（→P216）を入れて包み込み、チーズの形に成形する。中のクリームはドース・デ・オヴォシュ（→P216）と鶏卵素麺のフィオス・デ・オヴォシュ（→P94）を組み合わせるバージョンもあり、本書ではこちらのレシピを紹介する。いずれもとても甘いが、甘味以上にアーモンドの風味と卵黄のコクが楽しめる菓子だ。

仕上げとして、粉糖やグラニュー糖をまぶしたり、粉糖をまぶして表面に格子状の線をつけたり、あるいは表面を焦がしたりする。ここで作り手の個性が表れる。

多くの修道院生まれの菓子同様、手がけるのは街の菓子職人ではなく、Doceira（ドーセイラ）と呼ばれる、その地の修道院菓子や伝統菓子を手作りする女性達である。

実際のポルトガルの真っ白なチーズといえば、ケイジョ・フレシュコである。フレッシュタイプのチーズで、その淡白でクセのない味わいは豆腐を思わせ、塩コショウをふって前菜として、ハチミツやジャムをかけておやつとして食べる。原料は羊や山羊や牛の乳で、これらをブレンドして造ったものもある。

ケイジーニョシュ・デ・アーメンドア（直径3cmのセルクル12個分）

材料

皮つきアーモンド …… 200g
グラニュー糖 …… 200g
水 …… 100ml
ドース・デ・オヴォシュ（→P216）…… 180g
フィオス・デ・オヴォシュ（→P94）
　…… 100g

作り方

1 皮つきアーモンドは沸騰した湯でさっとゆでてザルにあけ、皮をむく。水気をふきとり、天日で1日乾かす。
2 しっかり乾燥したらコーヒーミルまたはフードプロセッサーで粉にして、ふるう。
3 鍋にグラニュー糖と水を入れて火にかけ、108℃に煮詰めたら2を加えて木べらで練る。ごく弱火で練り、鍋底が見えるようになったら火からおろし、大理石の作業台におく。表面が乾燥しないように布巾で覆う。
4 3をよく練り、20gに分割し、麺棒で直径13cmの円にのばす。
5 手のひらに4をのせ、ドース・デ・オヴォシュ小さじ1とフィオシュ・デ・オヴォシュ少量をおき、包み込む。
6 直径3cmのセルクルに、5のとじた箇所を下にして入れ、チーズに似せる。
　※アーモンドはオーブンで乾かしてもよい。その場合は色づかないように気をつける。
　※皮つきアーモンドの粉はアーモンドプードルで代用可。
　※残ったらラップに包んで冷凍保存可。

ライヴァシュ
RAIVAS

1つとして同じ形がない"いらいら"ビスケット

●カテゴリー：ビスケット ●シチュエーション：ティータイム ●エリア：ベイラリトラル地方 ●構成：小麦粉＋バター＋砂糖＋卵＋シナモン

ライヴァシュとは"いらいらする"という意味。この菓子の名前になった理由そのものである。何にいらいらしたかというと、このビスケットの成形のむずかしさに、である。

こねた生地を細いロール状にのばし、それを1つとして同じ形にならないように、重ならないようにくねくらせながら密着させ、それでいて大きさはほぼ同じぐらいに成形する。しかもこの生地はそんなに扱いやすいものではない。というのも、やわらかい生地なので、そのままでは細くひも状にのばしにくい。そこで冷蔵庫で生地を落ち着かせてから扱うが、すぐにやわらかくなるので、迅速な作業が求められる。なるほど、名前のとおり、いらいらするわけである。

ライヴァシュはベイラリトラル地方のアヴェイロやオヴァールで200年以上前から作られている。修道院を訪ねる客をもてなすために作り始め、その後お金を稼ぐために修道女たちが売り始めた。

今では修道院だけの菓子ではなく、カフェ、菓子屋、パン屋、スーパーマーケット、みやげ屋などいたるところで売られている。形のおもしろさと、割れにくく持ち運びやすいので手みやげに好適である。古くからお茶やコーヒーのよき供として好まれており、パリパリとボソボソの中間にあるバランスのある食感は、口の中でサクッと砕けて心地よい。そして甘みの奥にほんのりと感じるバターの風味とシナモンの香りは、もう一度また食べたくなる、やさしい味わいがある。

ライヴァシュをライヴァシュたらしめているのは、やはりその形状にある。ほかでは見たことがなく、ユニークな菓子であることは間違いない。ポルトガルのビスケットにはほかにも、S字状のその名もエス（→P188）や耳の形を模したビスコイト・デ・オレーリャ（→P32）など、人の手でしか作り出せない、しかも手間のかかるものがいくつもある。材料そのものはシンプルだが、オートメーション化が進む今の時代において、人間の手による成形を必要とするビスケットは貴重である。

ライヴァシュ（60個分）

材料
中力粉……250g
シナモン……小さじ1/2
バター……75g
グラニュー糖……100g
卵……3個

作り方
1 バターをやわらかく練り、グラニュー糖を合わせ白っぽくなるまですり合わせる。
2 ときほぐした卵を少しずつ加える。
3 中力粉とシナモンを合わせてふるい、2に加えて練る。ラップに包んで冷蔵庫で1時間休ませる。
4 10gに分割し、長さ30cmのひも状にのばし、不規則な形に成形する。
5 200℃のオーブンで15分焼く。

レブサードシュ・デ・オヴォシュ

REBUÇADOS DE OVOS

黄金色にきらめく、食べる宝石

●カテゴリー：卵菓子 ●シチュエーション：ティータイム、デザート、祝い菓子 ●エリア：ポルタレグレ ●構成：卵黄＋砂糖＋水

アレンテージョ地方ポルタレグレのサンタ・クララ修道院で作られていた菓子。そのレシピを祖母から受け継いで長年自宅で菓子を作ってきたカルドーゾ姉妹が、伝統菓子を途絶えさせてはいけないと2005年、街の女性たちに伝えたことで、今に受け継がれている。

かじると外側の飴がカリッと歯に当たり、中からねっとりとした卵黄クリームが舌にのる。少し口の中で転がせば、ただ甘いだけではなく甘みの中に旨みを感じることができる。エスプレッソコーヒーとの相性は抜群だ。

中のクリームは、ポルトガル菓子に不可欠な卵黄クリームのドース・デ・オヴォシュ（→P216）。かために作ったら休ませ、乾燥を経て、3日後に飴がけを行う。飴の温度が仕上りに影響するので、スピーディな作業が求められる。二人がかりでやるのが望ましい。レブサードシュ・デ・オヴォシュを作るには、時間も人手も必要なのだ。

近年ではこの修道院生まれの菓子の製造技術を継承し、さらに広く知ってもらおうと、起業した若者たちもいる。見た目と保存を考えたオシャレな缶入りのレブサードシュ・デ・オヴォシュは現在、リスボンの空港をはじめ、全国の100店舗以上のグルメショップで販売されるほどの人気商品となっている。オンラインショップでも販売しており、小さな田舎街の菓子が見事に継承され、多くの新しいファンを獲得している。

修道院生まれの菓子は、手作りのため少量しか生産できず、その街へ行かなければ入手できないのが定説であった。しかし、時代は変わる。手仕事を残しつつ機械化をうまくとり入れ、今の感覚のパッケージのデザインを採用するなど、新しい息吹を与えることで、見事に復活した好例がこのレブサードシュ・デ・オヴォシュである。

レブサードシュ・デ・オヴォシュ（40個分）

材料
卵黄 …… 12個分
グラニュー糖 …… 250g＋適量
水 …… 125㎖
飴
　グラニュー糖 …… 500g
　水 …… 250㎖

作り方
1 鍋にグラニュー糖250g、水を入れて火にかけ、113℃まで煮詰め、シロップを作る。
2 卵黄をときほぐし、1を少しずつ混ぜる。全部混ざったら鍋に戻し、弱火にかけて卵黄クリームを作る。
3 2をバットにあけて粗熱をとり、冷蔵庫で一晩休ませる。
4 3をティースプーンにとり小さなボール状にまとめる。グラニュー糖適量をまぶし、乾いた布巾をかぶせ、一晩乾燥させる。
5 飴を作る。鍋にグラニュー糖と水を入れ130℃まで煮詰める。
6 5に4の卵黄ボールを入れ、飴でコーティングし、サラダ油（分量外）を薄くぬったバットにおく。
7 はみ出した飴はハサミでカットし、セロファンで包む。
※3週間は日持ちする。

1 シロップをかけては鍋底から混ぜ、アーメンドア・コベルタを作る　2 ビスコイット・デ・オレーリャ(→P32)を製造しているところ。手作業で耳の形に成形　3 細かい作業でレースを編む　4 ミーニョ地方の手刺繍。モチーフにハートが使われる　5 小型パンや菓子を入れる布製の容れ物。刺繍やふちのレースがかわいらしい

✦ COLUNA 4

ポルトガルに色濃く残る手仕事の温もり

　なぜポルトガルに、これほどまで伝統菓子が残っているのか。ご存知のように15世紀の大航海時代には、世界各地に拠点を作り、貿易により栄華を極めたポルトガル。しかし、隣国のスペインの統治下となり、その後、紆余曲折を経て、かつてほどの勢いを取り戻せないまま、現在へといたっている。2010年代後半の現在、混沌を続けるEUのなかでも、ポルトガルは財政基盤が弱い国としての認識が一般的ではないだろうか。

　しかし、悪いことばかりではない。工業化の遅れは進化の停滞とみなされていたが、このことによって伝統的な作り方が継承され、結果、昔ながらのポルトガル菓子が多く見られる理由のひとつとなっているからだ。

　また、標準化の大量生産が進んだ結果、振り戻しのごとく、手ざわりが求められるようになった。つまり手仕事や手工芸の見直しである。ポルトガルのハンドメイドの伝統が残るのは菓子に限らない。台所用品や食卓を飾るアイテムにも手仕事は脈々と息づいている。

手間ひまかけて作られる伝統菓子

　現在も手作業でていねいに作られている菓子に、ポルトガル北部のトーレ・デ・モンコルボのアーメンドア・コベルタがある。金平糖に似たアーモンド菓子で、1日8時間の作業を8日間行う大変根気のいるものだ。直径1mの銅製に6kgのローストしたアーモンドを入れ、冷ましたシロップを少しずつかけては鍋の底からかき混ぜる作業を繰り返す。平鍋の底から熱を加える（昔は炭であったが現在は電熱器）ため、夏場は作業場がとてつもなく暑い。昼間の作業がきつくなるので、朝5時頃から作業開始となる。

　作業をしていないときは、銅鍋にふちにレース編みが施された麻の布がふんわりとかけられている。このレース編みも手編みがほとんど。レース編みは、布のふち飾りやテーブル

ランナーに使われ、ポルトガルの台所や食卓で目にすることが多い。

台所まわりにも手仕事は多い

　レース編みだけでなく、刺繍や編み物も、かつてはポルトガルの女性たちが家庭で行なっていた手仕事だった。刺繍はミーニョ地方の「恋人たちのハンカチ」に代表されるカラフルな色使いの刺繍が知られるが、施されるのはハンカチに限らない。テーブルクロスや民族衣装にも刺繍は使われる。ちなみにミーニョ地方の刺繍は刺し方が特徴的であり、ちょっとゆがんだようなハートがあるのが目印だ。

　現在、エコバッグとして自然素材のものが見直されているが、葦で編んだバッグはアルガルヴェ地方ではおなじみ。しっかりと編み込まれ、口が大きく開いたバッグは、日々の食材の買い出しでおおいに活躍してくれる。鍋つかみも手作りがほとんどだ。人によってはパッチワークで凝ったものを作ったりもする。台所マットも手作りする人が少なくない。

タイルは菓子屋に欠かせない

　一般的にポルトガルの手仕事として筆頭に上がるのは、タイルだろう。アズレージョと呼ばれるもので、紺と白で描かれるものが知られている。このアズレージョ、ポルトガル菓子と切っても切れない関係にある。というのも、ポルトガルの菓子工房で、法律で壁をタイル張りにすることが義務づけられているからだ。エントランスでも装飾でアズレージョと使う店も少なくない。

　これらは概して色彩豊かで、ノスタルジックな趣が温かみを感じさせる。ポルトガルらしいおみやげとしても人気が高い。とはいえ、単に古いものが受け継がれているばかりではない。ハンドメイドの地域密着のサスティナブルな側面が見直され、若いクリエーターたちによる創作も活気づいている。新しい息吹を受け入れながら、ポルトガルの手仕事はこれからも続いていくだろう。

6 アルガルヴェ地方の手編みの買い物かご　7 端切れや古くなった衣類を利用して、台所などのマットを作る　8 アズレージョの絵付けをする女性　9 ショップに並ぶ、昔から地元で作られ続けているかごや木べらなど　10 今では少なくなってしまったが、手製の紙箱に菓子を入れるのは、30年ほど前までは通常だった

エス
S(ESSES)

別名：エスシュ・デ・アゼイタオン／Esses de Azeitão

おだやかなレモンの風味に心和む

●カテゴリー：ビスケット ●シチュエーション：ティータイム ●エリア：リスボン近郊 ●構成：小麦粉＋バター＋砂糖＋卵＋レモンの皮

リスボンからテージョ川を渡って30kmほど南にアゼイタオンという街がある。モシュカテルワインの産地として知られ、羊乳でできたアゼイタオンチーズが名物だ。アゼイタオンのチーズは朝鮮アザミのレンネットを使った熟成タイプ。塩気やミルクの甘みもありながら、ピリッとした苦みも感じられ、ムチッとした部分とトロンとした部分が混在する奥深い味わいのチーズだ。白地に紺で模様が描かれるアズレージョという絵タイルの工房もある。毎月第1日曜はで大きな青空市が立ち、多くの人が訪れる。

菓子にも名物があり、それがこのS字型のビスケットだ。1976年からカフェや菓子屋、屋台でも売られており、この街の銘菓として定着している。口にすると、レモンの香りがほんのりと広がり、三温糖の滋味ある甘みが素朴な味わい。ノスタルジックな趣をも醸し出す。

このS字型のビスケットはアゼイタオンのあるSetúbal（セトゥーバル）市の"S"から来ていると思われるが、定かではない。実はSの形のビスケットはほかの街にもある。たとえば、北部のカステロ・ブランコは、オリーブオイル入りのビスケットだ。

作るときのポイントは成形時。曲げるときに、流れるようなS字形が、角ばったZ字形になることがあるので、注意して作る必要がある。ひも状の生地の端を押さえて、左からカーブを描き始めるときちんとしたSになる。

ところで、なぜこのセトゥーバル市アゼイタオン村のS字型ビスケットが全国に広がったかというと、1990年代から始まった大型スーパーマーケットの全国展開に起因する。

ポルトガルではハイパーマーケットと呼ばれる巨大なスーパーマーケットが全国に点在し、そのどこのスーパーマーケットの菓子スペースでもエスは売られている。というのも、エスは賞味期限が60日間と長く、原価が安く、かためで割れにくいので運送に向いていることから、どんどんと地方に配送され、全国で消費され、愛されるようになったのだ。

現在エスは、生まれ故郷であるアゼイタオンではエス・デ・アゼイタオンという名前で、ほかの地域で作られたエスとは差別化して売られている。

エス（40個分）

材料
薄力粉 …… 185g
三温糖 …… 120g
とかしバター …… 70g
レモンの皮のすりおろし …… 1/2個分
シナモン …… 1g
卵 …… 1/2個

作り方
1 卵以外の材料を合わせて、真ん中にくぼみをつくる。
2 1のくぼみにときほぐした卵を入れ、よくこねる。
3 10gずつに分割し、直径1cm×長さ9cmのひも状にのばし、天板にS字におく。
4 160℃のオーブンで20分焼く。

サラダ・デ・フルータ

SALADA DE FRUTA

さっぱりと食べられる、フルーツデザート

●カテゴリー：冷菓 ●シチュエーション：デザート ●構成：季節のフルーツ＋シロップ＋アルコール

直訳すると"フルーツサラダ"。"フルーツカクテル""フルーツポンチ"をイメージすると、理解しやすい。果物を一口大より小さめの角切りや薄切りにし、シロップに漬けて冷蔵庫で冷やす。さっぱりしたものを食べたい暑い日のデザートに最適だ。

サラダ・デ・フルータには炭酸水は入れない。水分として加えるのは、シロップが基本。なので本書のレシピでは、パイナップル缶の汁をシロップとして利用している。シロップの量を加減して、白ワインやポルトガル北部の微発泡ワインのヴィーニョ・ヴェルデやエシュポマンテと呼ばれるスパークリングワインを混ぜ合わせることもある。

下町のカフェから高級レストランまで、必ずといっていいほどメニューにある。果物はその季節のものが使われるが、通年で登場するのものとしては、オレンジ、リンゴ、バナナ、缶詰めのパイナップルといったところだろうか。近年では、スターフルーツやマンゴー、各種ベリーを入れたゴージャスなものも登場している。

もちろん、ハイエンドなレストランでは高級フルーツが使用され、同じサラダ・デ・フルータでも一変して、豪華な一品となる。

一方でカフェは、日本の昭和レトロを思わせるような、ガラスやアルミ、ステンレス製のアイスクリームカップのような器にこんもりと盛りつけ、ミントの葉を添えて出される。国は違えど、懐かしい気持ちになる。

個別の器ではなく、大きなガラスボウルの中にたっぷりのサラダ・デ・フルータを作る店もある。注文すると1人分の器に取り分けてくれ、その際に「マデイラワインを少し入れてください」などの注文も可能。どこのカフェやレストランでも快く引き受けれてくれる。

サラダ・デ・フルータ（8人分）

材料
バナナ …… 2〜3本
リンゴ …… 2〜3個
オレンジ …… 2〜3個
イチゴ …… 200g
パイナップル缶（340g）…… 1缶
レモン汁 …… 1個分
白ワイン …… 100㎖
グラニュー糖 …… 好みの量（90g程度）
レモンの皮 …… 1/2個分
アニス酒 …… 適量
オレンジリキュール …… 適量

作り方
1 バナナは薄めの輪切りに、リンゴは薄いいちょう切りにし、レモン汁をかける。オレンジは皮をむき、房から身をとり出す。イチゴは縦1/2に切り、パイナップルは一口大に切る（パイナップル缶の汁はとっておく）。
2 ガラスの器に1の果物を入れ、白ワイン、グラニュー糖、レモンの皮、アニス酒、オレンジリキュール、パイナップル缶の汁を入れ、冷蔵庫で充分に冷やす。

サラミ・デ・ショコラーテ
SALAME DE CHOCOLATE

チョコレートとビスケットをサラミに見立てて

●カテゴリー：チョコレート菓子 ●シチュエーション：ティータイム ●構成：マリービスケット＋バター＋砂糖＋卵＋ココアパウダー

"チョコレートのサラミ"という名のこの菓子は、ココアパウダーにマリービスケットを混ぜてかため、アルミホイルで巻いて、サラミに見立てたものだ。

菓子屋のショーケースでは、アルミホイルで巻かれたかまぼこ型の切り口が、こちらに向けられている。チョコレートの濃い色の中にある、マリービスケットの破片が、見事に豚の脂肪の役割を果たしている。クルミやアーモンドでもマリービスケットの代役をうまく果たせる。

食べるときは、2cmほどにカットして、手で食べる。食べごたえもカロリーも満点の庶民的な菓子は、作り方も材料の入手も簡単なので家庭でも作られる。

"見立てる"タイプの菓子はほかに、豚の血入り腸詰の燻製のモルセラを模したMorcela Doce（モルセラ・ドース）がある。ポルトガル北部の街アロウカの修道院菓子で、豚の腸にバター、パン、アーモンド、グラニュー糖などで作ったフィリングを詰め、本物と同じようにゆでて燻す。食べる際にはバターでソテーするという凝り方だ。もはや、"見立てる"というよりも"再現"に近い。

イタリアにはサラミ・デ・ショコラーテによく似た伝統菓子があり、salame di cioccolato（サラメ・ディ・チョコラート）と呼ばれる。ポルトガルにはそういう習慣はないが、イタリアのシチリアや、ローマ、ナポリ、ロンバルディアではクリスマスやイースターにこの菓子を食べるという。

マリービスケットを使う菓子の例に漏れず、サラミ・デ・ショコラーテもオーブンなしで簡単にできる。しかもおいしく仕上がり、老若男女問わず喜ばれることから、どこの家庭でも作られ、ポルトガル全土で愛されるようになったのだろう。

サラミ・デ・ショコラーテ（直径6cm×長さ10cm1本分／365g）

材料
市販のマリービスケット
…… 100g（18枚）
バター …… 90g
グラニュー糖 …… 90g
卵黄 …… 1個分
ココアパウダー …… 75g

作り方
1 マリービスケットを粗く砕く。
2 やわらかくしたバターにグラニュー糖を加え、白っぽくなるまですり合わせる。
3 2に卵黄を加え、よく混ぜ合わせる。ココアパウダーを加え、さらによく混ぜ合わせ、1を加える。
4 ラップに3をおき、太いサラミのように成形し、両端をねじる。
5 冷蔵庫で一晩休ませる。
　※ナッツやラム酒やポルト酒などを加えてもよい。
　※食べるときは、1cmの厚さにカットするとよい。

セリカイア
SERICAIA
別名：セリカー/Sericá

薄いスフレのような軽やかな食感

◆カテゴリー：焼き菓子 ◆シチュエーション：ティータイム、デザート ◆エリア：アレンテージョ地方エルヴァス
◆構成：卵＋砂糖＋牛乳＋コーンスターチ

卵をたっぷり使い、比較的濃い味と食感をもつポルトガル菓子のなかにあって、軽くやさしい味わいがあるのが、このセリカイアだ。これは卵をしっかり泡立てることと、小麦粉ではなくコーンスターチを使うところに起因する。

アレンテージョ地方のエルヴァスの銘菓として知られ、修道院に伝わる菓子がポルトガルに多いように、セリカイアもその例外ではない。サンタ・クララ修道院の修道女たちによって長きにわたって伝えられてきた。そのオリジナルは、ブラガンサ家のコンスタンティーノ副王によってインドから持ってこられたという言い伝えがあるほどだ。また、ポルトガル最初の料理書である『Arte de Cozinha』（1680年）にもセリカイアは登場する。

台所に常備しているシンプルな材料を用いるセリカイアは、高さのほとんどない皿のような耐熱性の器で焼くのがポイントだ。伝統的には陶器の器が用いられてきた。陶器を用いると、いかにもポルトガルらしい趣となるが、その場合、火のとおりが遅いので、本書で紹介しているレシピよりも20〜30分長い時間で焼く必要がある。

焼き上がったときに表面にひび割れが入ることが、セリカイアをセリカイアたらしめている特徴のひとつ。そのため、焼いているときにオーブンの温度が下がらないよう、たとえば時間の設定を間違えないようにすることが大切だ。

セリカイアを食べるときは、1人分ずつ切り分けて皿に移してから。そのままでもよいが、地元エルヴァスでは、これまた地元の名産、シロップ漬けのプラムを添えて食べる。これは伝統的なセリカリアの食べ方だ。素朴な面持ちのセリカイアに、プラムのこっくりとしたコクと風味が加わって、リッチなデザートの一皿に変身する。

セリカイア（直径25㎝のタルト型1枚分）

材料
卵 …… 4個
グラニュー糖 …… 120g+15g
コーンスターチ …… 20g
牛乳 …… 400㎖
レモンの皮のすりおろし …… 1個分
シナモン …… 適量

作り方
1 卵を卵黄と卵白に分け、鍋に卵黄とグラニュー糖120gを入れ、よく混ぜる。白っぽくなったら、コーンスターチを入れ、牛乳を少しずつ混ぜ合わせる。裏ごし、火にかけてカスタードクリームを作る。
2 卵白をよく泡立て、グラニュー糖15gを加え、しっかりしたメレンゲを作る。
3 1と2を混ぜ合わせ、レモンの皮のすりおろしを加える。
4 タルト型に流し入れ、シナモンを表面にふり、200℃のオーブンで表面がきつね色になり、ひび割れするまで40分〜1時間焼く。
※陶器を使って焼く場合は、焼き時間は1時間20分、半量で焼くときは30分で焼き上がる。
※冷めてから食べる。
※好みで粉糖をふって仕上げてもよい。

セラドゥーラ

SERRADURA

ビスケットの"おがくず"で作る簡単デザート

●カテゴリー：デザート　●シチュエーション：デザート　●構成：マリービスケット＋生クリーム＋コンデンスミルク

　いつ誰によって考案されたかは定かではないが、ポルトガルで人気の高いデザートだ。1970年代はポルトガルにはまだまだプロの料理人や菓子職人が少ない時期で、街の小さなレストランや食堂は料理自慢の女性たちが厨房で働いていた。毎日デザートは作らなければならないが、プロのような技術も知識もない。そんな彼女らが簡単に作れておいしいセラドゥーラを作ると、あっという間に子どもの人気のデザートとなった。そこから広がり、多くの人に支持され、愛されるデザートとなったのであろう。

　菓子名のセラドゥーラとはおがくずの意味。マリービスケットを粉々のパウダー状にしたものをおがくずに見立てたわけだ。細かくするのにフードプロセッサーやハンドミキサーを使っても、袋に入れて重めの麺棒で叩いてもよいが、いずれにしろ、できる限り細かくするのがポイントだ。舌ざわりのよさが大事である。

　個別に小さなグラスに入れて作るが、大きな透明のボウルに作って取り分けて食べてもいいだろう。そしてしっかりと冷蔵庫で冷やしてから食べる。

　マリービスケットのおがくずと層をなすのは、コンデンスミルクと生クリームを一緒に泡立てた白いクリーム。ビスケットのザクザクとクリームのなめらかさがマッチする。クリームは、チョコレート、カラメル、コーヒー、ドース・デ・オヴォシュ（→P216）などを加え、フレイヴァーを楽しむのもおすすめだ。

　シンプルな材料で簡単に作れ、それでいて美味。忙しいときでもパパッと作ってゲストに出せる、ありがたいデザートである。

　ちなみに、セラドゥーラが意味する、おがくずについてのトリヴィアを。今から50年ほど前の食堂やカフェの厨房の隅には、袋に入ったおがくずがおかれていたそうだ。毎日、厨房の床の、特に水が飛んだり油が落ちたりするようなところに多くのおがくずをまき、仕事が終わるとほうきで床に落ちた水や油を吸ったおがくずをはいて集めて捨てていたという。またおがくずは、厨房で滑り止めの役割も果たしていたという。

セラドゥーラ（グラス5個分）

材料
マリービスケット …… 18枚
生クリーム …… 200 ㎖
コンデンスミルク …… 130g

作り方
1　マリービスケットをフードプロセッサーに回し、さらさらの砂のようにする。
2　生クリームを立てる。7分目くらいに立ったら、コンデンスミルクを加えて、さらに立ててしっかりとしたクリームにする。
3　グラスに1と2を交互におき、層を作る。
4　冷蔵庫でよく冷やす。

ソーニョシュ

SONHOS

クリスマスに欠かせない揚げ菓子といえばこれ

●カテゴリー：祝い菓子、揚げ菓子 ●シチュエーション：ティータイム ●構成：シュー生地＋揚げ油

「これなしのクリスマスは考えられない」という人もいるほど、クリスマスシーズンに欠かせない揚げ菓子だ。ソーニョシュはシュー生地を揚げ油に小さく落とし、ひとつひとつじっくりと揚げて作る。軽くて、中は空洞状になっており、少しもっちりとした食感がある。

その起源はアラブにあるとされ、同じ菓子がトルコ、エジプト、ブルガリア、ギリシャにある。ソーニョシュはポルトガルでは"夢"を意味する言葉であり、トルコでは"朝日（光と愛）"をイメージした菓子で、クリスマスにふさわしい希望を感じさせる。

揚げるときはちょっとしたコツが必要だ。というのも、シュー生地は揚げ油の中でぷーっと膨らみ大きくなるから。テーブルスプーン半分くらいの生地でも、直径5㎝くらいの球形に大きく膨らむ。なので、鍋の大きさと落とす生地の数のバランスを考える必要があるのだ。目安としては、揚げ油に入れたばかりの生地が、鍋の1/4〜1/3くらいの面積を占めたら、それ以上は生地を入れないでじっくり待つこと。そうして4倍ぐらいの大きさになり、ザクロが割れたような状態になったら引き上げる。

クリスマス菓子ときくと、乙に澄ましたものを想像しがちだが、ソーニョシュは手でつまんで食べる気軽なもの。それでも、ピラミッド型に積み重ねて、上から粉糖をふると洒落たスタイルになり、特別感が演出できる。マデイラ島ではカーニバル菓子で、キビ蜜をかけて食べる。

ソーニョシュは複数形で、単数形は"Sonho（ソーニョ）"。これは夢という意味だ。ポルトガルでは菓子を食べる夢は、"人生において愛ある幸せを手に入れている""喜びに満ちているだけでなく、お金にも不自由しない"を表すとされる。なんとも夢のある話ではないか。そんな夢を見るためにもソーニョシュを食べてみてはどうだろう。

ソーニョシュ（25〜30個分）

材料
中力粉 …… 110g
コーンスターチ …… 12g
卵 …… 4個
バター …… 25g
グラニュー糖 …… 24g
牛乳 …… 200㎖
塩 …… 少量
レモンの皮 …… 1/2個分
揚げ油（サラダ油）…… 適量
シナモンシュガー …… 適量

作り方
1 鍋にバター、グラニュー糖、牛乳、塩、レモンの皮を入れ、火にかける。
2 温まってきたらレモンの皮をとり除き、バターがとけて沸騰してきたら、ふるった中力粉とコーンスターチを一気に加える。鍋底にくっつかなくなり、ひとかたまりになるまでよく合わせる。
3 火からおろし、ときほぐした卵を少しずつ加え、混ぜ合わせる。
4 フライパンにたっぷりのサラダ油を熱する。
5 3の生地を大さじ1ずつ、4に落とし入れ、180℃で8〜10分揚げる。
6 サラダ油を充分に切り、シナモンシュガーをふりかける。
※生地はスプーンで油の中に落としてもよい。

ソーパ・ドゥラーダ

SOPA DOURADA

パォンデローを黄金スープで再利用

●カテゴリー：デザート ●シチュエーション：デザート ●構成：パォンデロー＋シロップ＋卵黄＋牛乳

英語にすると"golden soup（ゴールデン・スープ）"。その色合いと見た目から名づけられたと思われる。時間を経てかたくなったパォンデロー（→P140）やパンを使うデザートだ。シロップに賽の目に切って細かくしたパォンデロかパンを浸し、卵黄と牛乳を加えたもの。パォンデローやパンの卵黄スープ煮、といったところだろうか。粉末アーモンドやレモンピールを加えるところもある。

パォンデローを使うかパンを使うかはエリアによって異なり、北部はパォンデローが主流、南部ではパンがよく使われる。一言でパォンデローといってもさまざまな種類がある。このソーパ・ドゥラーダで使われていたのは、やわらかい半熟タイプではなく、ポルトやフェリゲイラスなどのよく焼かれたパォンデローであったと思われる。

古くなったパンをムダにせず再利用する菓子は、卵液に浸して作るパンプディングの類がヨーロッパには多く見られるが、パォンデローを使うあたり、さすが、ポルトガルである。それだけパォンデローが身近な食べ物である表れといえよう。

ほかの多くのポルトガル菓子同様、これも修道院をルーツとするものだ。特定の修道院にゆかり、というよりも全国の修道院で作られていたデザートで17世紀には多くの修道院で作られていたとされる。現在ではさほど一般的とは思えない菓子だが、それでもクリスマスのときに食べたり、ちょっといいレストランの"修道院の甘味"メニューとして登場したりする。

長崎県平戸に"カスドース"という菓子がある。江戸時代から伝わる南蛮菓子で、輝くばかりの黄金色は、まさにその系譜だ。これは食べやすい大きさに切ったカステラ（→P150）を卵黄にくぐらせ、煮立てた蜜糖でコーティングし砂糖をまぶして仕上げたもの。スープ煮と固形という違いはあるが、明らかにパォンデローの再利用という着想からの菓子であり、味わいも似ている。

ソーバ・ドゥラーダ （直径22cmのスープ皿1枚分）

材料
パォンデロー・ミニョット（→P140）
　…… 125g
グラニュー糖 …… 50g
水 …… 125ml
卵黄 …… 2個分
牛乳 …… 大さじ2
レモンの皮のすりおろし …… 1個分
バター …… 小さじ1
アーモンドスライス（ローストしたもの）
　…… 適量
シナモン …… 適量

作り方
1 鍋にグラニュー糖と水を入れ、強火にかける。沸騰してきたら、いったん火からおろし、ほぐしたパォンデロー・ミニョットを加え、よく混ぜ合わせる。
2 卵黄と牛乳を合わせてとき、1に混ぜ合わせ、再び火にかける。卵黄に火が通ったらレモンの皮のすりおろしとバターを加える。
3 スープ皿によそい、冷ます。
4 スライスアーモンドとシナモンを散らす。
　※パォンデロー・ミニョットをパンで代用する場合は、砂糖の分量を100gまで増やせる。
　※レモンの代わりにオレンジやユズでもよい。
　※アーモンドスライスを松の実にすると豪華な装いになる。

ソルティード・ウンガロ

SORTIDO HÚNGARO

ゆで卵が生地に入った"ハンガリービスケット"

●カテゴリー:ビスケット ●シチュエーション:ティータイム ●構成:小麦粉+バター+砂糖+ゆで卵の黄身

直訳すると"お好みハンガリービスケット"。卵ボーロを思わせる懐かしい味わいの菓子だ。最大の特徴は生地にゆで卵の黄身を使うこと。ホロホロとしたやさしい味は、ここから来ているのだろう。

一方で形については決まりはなく、リスボンの菓子屋のショーケースなどではさまざまな形のものが見られる。毎日焼き立てを出すタイプのものではなく、たいていの菓子屋では曜日を決めて焼いている。

ちなみにポルトガルの菓子屋ではあらかじめビニールなど小袋に入れて販売しない。量り売りで売られ、ビスケットには湿気を防ぐような工夫は特にない。そのため焼き上がって時間がさほど立っていないときはサクサクした食感だが、数日経つとしっとりとした口当たりに変わる。買い手も好みの食感でもって、店頭に並んで何日目のものを買い求めるわけではないだろう。食文化の違いでもあり、売る方も買う方も細かいことを気にしないおおらかさが感じられる。

ソルティード・ウンガロは形だけでなく、アレンジも自由で、写真のように仕上げにチョコレートをかけたり砂糖やココナッツファインをまぶしたりもする。アイシングやチョコレートなどで表面に模様や文字を書いてもよし。ココアパウダーを加えて、チョコレート生地にすることもあるようだ。

ところでポルトガルにあってなぜ"ハンガリービスケット"なのか。ハンガリーに関係がありそうだが、ハンガリーにはこれに該当するビスケットはない。なぜ、離れた国のポルトガルにハンガリーという名がついた菓子があるのか、確かなことはわかっていない。

ソルティード・ウンガロ (30〜35個分)

材料
薄力粉 …… 300g
コーンスターチ …… 30g
無塩バター …… 200g
粉糖 …… 60g
ゆで卵の黄身 …… 3個分
チョコレート …… 適量
ココナッツファイン …… 適量

作り方
1 ゆで卵の黄身を裏ごしする。
2 コーンスターチ、粉糖を合わせてふるう。
3 やわらかくした無塩バターに1と2を加え、練り合わせる。
4 まとまった生地を厚さ4mmにのばし、ハート型や菊型で抜く。余った生地をまとめて15gに分割し、どんぐり状に成形する。
5 180℃のオーブンで12〜15分、薄い焼き色がつく程度まで焼く。
6 冷めたら、とかしたチョコレートをかけたり、ココナッツファインをまぶしたりする。
   ※生地にココアパウダー10gを入れて、チョコレート生地にしてもよい。
   ※成形は好みの形で。

タラッサシュ
TALASSAS

小ぶりでカリッと焼いたポルトガル・ワッフル

●カテゴリー：ワッフル ●シチュエーション：ティータイム、朝食 ●エリア：コヴィリャン・ベイラ地方、トラス・オス・モンテス地方
●構成：小麦粉＋バター＋砂糖＋卵

平たくいうと、ポルトガルのワッフルである。ポルトガル本土で一番高い山、標高1993mエストレラ山脈の麓の街、コヴィリャンの銘菓で、市場で売られている。

コビリャンは15世紀末、強制的にキリスト教徒に改宗させられた旧ユダヤ教徒のマラーノがひっそりと暮らしていた場所。隠れユダヤ教徒のマラーノは何世代にもわたりこの街で生きており、彼らがお金を得るために作り始められた菓子が、このタラッサシュといわれている。

ワッフルというと、日本で一世を風靡したベルギースタイルのワッフルが思い出される。ポルトガルでもこのベルギー風を彷彿とさせるワッフルが見られるようになったものの、この国に伝わるワッフル、タラッサシュは小ぶり。定番のタラッサシュ型は5×5㎝や5×7㎝と、手の平に収まるほど小さいものだ。

伝統的にはこの型を暖炉などの火を利用して作られていた。まずは型をあぶり、熱くなったら油を含ませた布で型の内側をなでる。そして生地を片面において、ふたをして両面を焼くのだ。

こうやって作られるタラッサシュは小さく薄いので、表面がカリッとしており、日本のゴーフルを思わせるところがある。紛らわしいが、日本でいうワッフルはフランスでゴーフルと呼ばれていて、何らかの関連性があるのかもしれない。

祭りでもタラッサシュは活躍した。トランス・オス・モンテス地方のオウテイロ村では毎年1月に、ペストから村人を守ってくれたゴンサロ聖人をたたえる、サン・ゴンサロ祭が行われる。この祭りで登場する神輿は、ほんのり甘いオレンジの香りがするイースト菓子で飾りつけがされ、先端の部分に使われていたのが、このタラッサシュである。

カトリックの祭りにユダヤ教徒が伝えた可能性のある菓子を飾るのは首を傾げたくなる事象であるが、知られざる何らかの理由があったのかもしれない。

タラッサシュ（一辺5㎝の正方形のタラッサシュ型36枚分）

材料
中力粉 …… 50g
バター …… 50g
グラニュー糖 …… 80g
卵 …… 2個
サラダ油 …… 適量

作り方
1 やわらかくしたバターにグラニュー糖を加え、すり合わせる。ときほぐした卵を入れ、ふるった中力粉を加える。
2 型を直火で熱し、サラダ油を塗る。
3 生地を大さじ1/2ずつ入れ、裏表焼く。

ティジェラーダ

TIGELADA

別名:ティジェラーダ・デ・アブランテシュ/Tigelada de Abrantes、ティジェラーダ・デ・フェレイラ・ド・ゼゼレ/Tigelada de Ferreira do Zêzere

フレンチトーストを思わせるむっちりとした食感

- カテゴリー:卵菓子 ●シチュエーション:ティータイム、デザート、ブランチ、スナック、祝い菓子
- エリア:リスボン近郊・リバテージョ地方　構成:小麦粉+砂糖+卵+牛乳

　ティジェラーダとは菓子名であると同時に、この菓子の焼き型のこと。一般的な皿よりも深さがあり、釉薬をかけて焼いた赤っぽい色みの器のことを"ティジェラーダ"と呼ぶ。

　直径10～12cmの素焼きの厚い型を高温の窯で空焼きにし、そこへ生地を流し、一気に焼き上げるティジェラーダは、プリンと卵焼きの中間のような菓子だ。ねっちりとした"カスタードういろう"のような食感はほかにない味わいがある。

　おもしろいのは、この手のプリン菓子と違い、スをたくさん作るのが、できがいいとされることだ。また、表面はしっかり焦げ目をつけるのも大事なポイントである。スが入り、ハチの巣状になったしっかりとかためた菓子は両手で持って食べてもよし、ナイフとフォークを使って食べてもよし。

　ティジェラーダを上手に作るコツは実はむずかしくない。ただひとつ、型をしっかりと高温の窯で空焼きしておくことにつきるのだ。

　多くのポルトガル菓子同様、ティジェラーダの起源はアブランテシュのリオ・デ・モイーニョシュのグラッサ修道院にあるとされる。昔も今もこの街の銘菓である。

　アブランテシュのティジェラーダほどは知られていないが、ほかの地方でもティジェラーダは作られている。そのひとつ、ベイラ地方の内陸部では赤い土鍋で焼くティジェラーダが伝統菓子だ。このティジェラーダでは事前に鍋を熱することをせずに、鍋に材料を合わせた卵液を入れて1時間ほどオーブンで焼く。焼けたものはそのまま鍋ごとテーブルに出して、取り分けて食べる。鍋ごと冷やしてから食べる場合もある。ベイラ地方では、ティジェラーダはイースターのデザートとしても食される。

　ただし、ここで用いられる器は土鍋。器も表す本来の意味からは逸脱してしまうので、果たしてティジェラーダと呼んでいいのか、あるいは特大ティジェラーダといったところか悩むところだが、こういうタイプもあるという一例として紹介した。

使うにつれて風合いが出てくる、ティジェラーダの器

ティジェラーダ (直径12cm×深さ4cmの素焼きの器6個分)

材料
- 薄力粉 …… 40g
- グラニュー糖 …… 160g
- 牛乳 …… 500ml
- 卵 …… 4個
- 卵黄 …… 4個分
- 塩 …… ひとつまみ

作り方
1 天板に素焼きの型をおき、290℃のオーブンに30分入れる。
2 薄力粉とグラニュー糖を合わせ、牛乳50mlを加えて、よく混ぜる。
3 卵と卵黄を加え、残りの牛乳を入れる。塩を加える。
4 素焼きの型に3の生地を流し入れ、280℃のオーブンで12分焼く。
※素焼きの型がない場合は、グラタン皿などの耐熱皿を利用。

トルタ
TORTA

ポルトガルのロールケーキといえばこれ

●カテゴリー：ケーキ ●シチュエーション：ティータイム、デザート、祝い菓子 ●構成：ケーキ生地＋フィリング

"トルタ"とはクルクルと巻いたケーキの総称である。古い文献によると"トルタ"は巻きケーキではなく円柱状、スポンジ生地を積んで円柱状にしたものを意味していたそうだ。

ポルトガル全土で親しまれているトルタは、ヴァリエーションも豊かだ。北部を代表するトルタは"トルタ・デ・ヴィアナ・ド・カステロ"。卵黄と砂糖を混ぜ、少量の小麦粉を加え、別立てした卵白と混ぜ合わせる。窯で焼いたら砂糖をふった布巾の上にひっくり返す。そしてドース・デ・オヴォシュ（→P216）を塗り、布巾を持ってクルクルと巻いてロールケーキにする。昔は高貴な人をもてなすときに作られたケーキで"トルタ・リアル"（王のトルタ）とも呼ばれている。その起源はヴィアナ・ド・カステロのサンタ・アナ修道院にやって来たヴィラ・デ・コンド修道院の修道女によって作られたものだ。ドース・デ・オヴォシュではなく、ジャムを巻くトルタもある。

本書のレシピで紹介する"トルタ・デ・アゼイタオン"はセトゥーバル県のアゼイタオン村の銘菓である。生地は8×12cmのトレイで一個一個焼かれている。焼き上がったら、たっぷりのドース・デ・オヴォシュを塗りシナモンをふって巻く。つるんとした黄色い薄いういろうの皮で包んだような見た目で、しっとりとしたスポンジととろりとしたクリームの相性は抜群だ。

ほかにもトルタといえば、オレンジの旨味たっぷりのTorta de Laranja（トルタ・デ・ラランジャ）も有名だ。長方形の型に薄くバターを塗りグラニュー糖をまぶし、オレンジの搾り汁と卵と砂糖を合わせた生地を入れてオーブンで湯煎にして焼く。焼きあがったら布巾の上にそっとひっくり返し、熱いうちに布巾を利用してくるりと巻く。風味こそ違うものの食感も味わいも、伊達巻そっくりだ。

ところでトルタは日本にもやって来て、タルトと名前を変えて息づいている。愛媛県松山市の郷土菓子として知られる「一六タルト」がそれだ。クリームやジャムが餡に変わったものの、スポンジ生地で巻いたケーキで、ポルトガルのトルタと同様、長きにわたって愛されている銘菓である。

トルタ・デ・アゼイタオン（8×12cmのトレイ6枚分）

材料
卵 …… 5個
グラニュー糖 …… 100g
薄力粉 …… 20g
ドース・デ・オヴォシュ（→P216）…… 90g
シナモン …… 適量

作り方
1 卵を卵黄と卵白に分ける。卵黄とグラニュー糖を白っぽいクリーム状になるまで、しっかりと泡立てる。
2 卵白をピンと角が立つまで泡立て、1と合わせる。薄力粉を加えて混ぜ、3分休ませる。
3 トレイに入れて180℃のオーブンで10分焼く。
4 型から生地を取り出し、焼くときに上だった面にドース・デ・オヴォシュを塗ってシナモンをふり、くるくると巻く。
※生地の焼き色を外側にする場合もある。

トッシーニョ・ド・セウ

TOUCINHO DO CÉU

修道院起源のアーモンドたっぷりのケーキ

●カテゴリー：ケーキ ●シチュエーション：ティータイム、デザート、祝い菓子
●構成：小麦粉＋アーモンドプードル＋砂糖＋卵

菓子名のトシーニョ・ド・セウは"天国の塩蔵した豚の脂"という意味。なんとも不思議なネーミングをもつ、ずっしりと重く、アーモンドの味と香りを充分に楽しめるパウンドケーキだ。

このアーモンドのケーキの名前に、豚脂を意味するトッシーニョという名前がついているのは、オリジナルのレシピにトッシーニョ（ラード）を使用していたという説があり、そのため、トッシーニョ・ド・セウという名になったと考えられる。

トッシーニョ・ド・セウは、主に食事を締めくくるデザートとして食される。贅沢な菓子なので、家庭で作ることはなく菓子屋で購入するが、事前に注文を受けてからでないと作らない。原価が高くつくので、売れ残りを避けるために、注文販売のシステムをとっているものと思われる。

トシーニョ・ド・セウは18世紀にアレンテージョ地方ポルタレグレのサンタ・クララ修道院の修道女によって作られ始め、修道院廃止令が発令された1834年以降も、修道女からその作り方を伝授された女性たちにより現在まで受け継がれている。

たっぷりのアーモンドプードルを使用するケーキだが、継承されているレシピでは、アーモンド作りから行う。アーモンドをゆでて皮をむき、充分に乾かす。トシーニョ・ド・セウを作る直前にこのアーモンドを挽いて使うのだ。

できあがったケーキは、粉糖をたっぷりふりかけて仕上げたりする。真っ白なアイシングでコーティングし、品格のある表情にすることもある。アイシングは見た目を美しくするのと同時に、保存をよくする意味ももつ。しっかりとカバーすると、常温でも2週間は日持ちする。

トッシーニョ・ド・セウは全国どこでも作られているが、有名なところでいえば、アレンテージョ地方ポルタレグレ、ミーニョ地方ギマランエンシュ、ムルサとトラス・オス・モンテス地方全域となり、それぞれの地域で微妙に香りや食感が異なる。

トシーニョ・ド・セウ（直径18cmの丸型1台分）

材料
アーモンドプードル …… 500g
中力粉 …… 大さじ4
グラニュー糖 …… 500g
卵 …… 11個
卵黄 …… 5個分
シナモン …… 少量
クローブ（粉末）…… 少量

作り方
1 グラニュー糖、卵、卵黄、シナモン、クローブをよく混ぜ合わせる。
2 やや泡立った状態になったら、アーモンドプードルと中力粉を加え、全体をやさしく混ぜ合わせる。
3 型に入れ、150℃のオーブンで1時間焼く。
※仕上げに粉糖をたっぷりふったりする。また、アイシングでコーティングして模様を描いても美しい。

トラヴェセイロシュ
TRAVESSEIROS

グラニュー糖をたっぷりまぶした枕形のパイ

●カテゴリー：パイ ●シチュエーション：ティータイム ●エリア：シントラ、リスボン近郊
●構成：パイ生地＋ドース・デ・オヴォシュ＋アーモンドプードル

　世界遺産に登録されているペーナ城がある街シントラに、1862年創業の「ピリキタ」という菓子屋がある。"ピリキタ"とは"インコ"のこと。当時シントラのポルトガル王ドン・カルロス1世が、この菓子屋の小柄でよく働くマダムにつけたあだ名が"ピリキタ"だったことから、その菓子屋は「ピリキタ」と呼ばれるようになった。現在も営業を続ける「ピリキタ」の名物がトラヴェセイロシュで、シントラの銘菓でもある。

　トラヴェセイロシュは1942年に生まれた、枕の形の甘いパイ菓子だ。パイ生地の中にドース・デ・オヴォシュ（→P216）とアーモンドプードルが入っている。仕上げにグラニュー糖をたっぷりまぶすのも、トラヴェセイロシュの特徴だ。食べるときは、たいていの人はとんとんと叩いて、余分なグラニュー糖を落としてから口に運ぶが、甘党の人はそのままぱくつく。

　全国の菓子屋で作られるだけでなく、大量生産もされているトラヴェセイロシュは、いつでもどこででもありつける。しかし、ていねいに作られた「ピリキタ」のものは格別。美しいシントラの街を散策し、小腹がすいたら「ピリキタ」でコーヒーを飲みながらトラヴェセイロシュを頬張るのは、甘くおいしい時間である。同時に、甘さが十二分なほどのトラヴェセイロシュは、シントラの山の中を歩くにはもってこいの、エナジー補給のためのおやつにもなる。

　フィリングは、ドース・デ・オヴォシュ（→P216）とアーモンドプードルが定番だが、金糸瓜のジャムやカスタードクリームであることも珍しくない。

　トラヴェセイロシュを生み出した「ピリキタ」の現在の店主フェルナンド・クーニャ氏は創業者の孫である。シントラで生まれシントラで育ち、祖母が創り出したこの菓子を誇りに、家族で菓子店を営んでいる。

　そんな彼がこの菓子にもっとも合う飲み物は、アンズの核から作ったアルコール分28度の甘いリキュール、アーメンドア・アマルガだという。またトラヴェセイロシュはバニラアイスクリームとの相性もよく、半分に切ってアイスクリームをからめながら食べると最高だとも。本家ならではの食べ方で楽しんでみてもいいだろう。

トラヴェセイロシュ（8個分）

材料
マッサ・フォリャーダ（→P214）…… 250g
ドース・デ・オヴォシュ（→P216）
　…… 大さじ11
アーモンドプードル …… 大さじ5
グラニュー糖 …… 適量

作り方
1　マッサ・フォリャーダを縦10㎝×横40㎝の長方形にのばす。
2　8等分し、ドース・デ・オヴォシュとアーモンドプードルを合わせたものを大さじ2ずつおき、くるりと俵状に巻き、つなぎ目が下になるように天板におく。
3　210℃のオーブンで15〜20分焼く。
4　温かいうちにグラニュー糖をまぶす。
　※フィリングはドース・デ・オヴォシュと金糸瓜のジャムを入れる場合もある。

基本の生地 4種

菓子の土台となるのが生地。
ポルトガルでよく使われる生地を紹介する。

マッサ・テンラ
MASSA TENRA

"やわらかい生地"という意味の万能生地。生地がやわらかいのは、水の量が多いから。シンプルなタイプは粉、水、油脂のみで作る。これをもとに、用途により配合を変えたり、卵を入れて作ったりする場合もある。
　マッサ・テンラは型に敷いて底生地として使うこともあれば、餃子の皮のようにのばして具材を包んでオーブンで焼いたり、揚げたりすることもある。ポルタレグレのケイジャーダ（→P178）で見られるように、マッサ・テンラの切れ端を表面にのせて焼き、菓子をかわいらしくみせる演出の役割を果たすこともある。

材料（できあがり約350g）
中力粉 …… 200g
ラードまたはバター …… 60g
水 …… 100㎖
塩 …… ひとつまみ

作り方
1. ボウルにふるった中力粉、塩、室温でやわらかくしたラードまたはバターを入れる。
2. 1に少しずつ水を加え、耳たぶくらいのかたさになり表面がつるんとするまで練る
3. ビニール袋かラップに包んで冷蔵庫で休ませる。

本書で使用する菓子
パステイシュ・デ・フェイジャオン →P160
ケイジャーダ →P178

マッサ・フォリャーダ
MASSA FOLHADA

折り込みパイ生地で、フランス菓子のパート・フィユテ/フィユタージュに該当する。薄紙を重ねた層になるのが特徴。ポルトガルでは3つ折りをフランス式、4つ折りをスペイン式と呼ぶ。のばした生地に常温でやわらかくしたバターを塗ってから、3つ折りをする場合もある。

材料（できあがり約850g）
中力粉 …… 400g
塩 …… 8g
とかしバター …… 20g
冷水 …… 175〜200㎖
バター …… 250g
コーンスターチ …… 少量

作り方
1. 中力粉と塩を合わせ、冷水を少しずつ入れ混ぜ合わせる。ざっくりと全体が混ざったらとかしバターを入れてまとめ、冷蔵庫で20分休ませる。
2. バターにコーンスターチをまぶし、麺棒でたたいて15㎝四方にのばす。
3. 1に十字の切れ目を入れ、2を包む。麺棒でのばして3つ折りにする。冷蔵庫で20分休ませる。この作業を4回繰り返す。

本書で使用する菓子
コヴィレッテシュ →P76
ジュズイッタシュ →P110
パルミエール →P136
トラヴェセイロシュ →P212

マッサ・デ・パォン
MASSA DE PÃO

粉と水と塩とイーストだけで作るシンプルなパン生地。発酵生地の基本であり、卵やバターなどの油脂を加えたり、粉にコーンミールを使ったりする生地は、これの派生系といえる。そして、パン生地は次のパンを作るときのために少しとっておいて、掛け継ぎで使うのがポルトガルの伝統的なやり方。

材料（できあがり約1kg分）
パン種
　生イースト …… 25g
　ぬるま湯 …… 100mℓ
　強力粉 …… 100g
強力粉 …… 500g
塩 …… 8g
冷水 …… 350～400mℓ

作り方
1 パン種を作る。ふたつきの密閉容器に生イーストとぬるま湯を入れてよくとく。強力粉を入れて混ぜ合わせ、冷蔵庫に一晩おく。
2 ミキサーボウルに塩、強力粉、塩を入れてくぼみを作り、1のパン種を入れ、冷水を少しずつ混ぜ合わせる。
3 速度2で1分、速度3で5分こねる。ミキサーボウルに生地がくっつかなくなったら、速度4で1分こねる。別のボウルに移し、表面に強力粉（分量外）をふり、ラップで表面を覆い、約2倍に膨らむ約1時間発酵させる。

本書で使用する菓子
ボレイマ →P40
ボーロ・デ・メル・ダ・マディラ →P48

パータ・シュー
PÂTE A CHOUX

パータ・シューとはシュー生地のことで、いつからポルトガルで作られるようになったかは定かではないが、シュー菓子はクリスマスのソーニョシュ（→P198）やカフェで食べたりと、ポルトガル人の生活にしっかりと根づいている。
　ポルトガルのシュー生地の特徴としては、油脂はマーガリンを使い、ほとんどの場合においてバターを用いないこと。そして、必ず星型の口金をつけた絞り袋で絞り出して焼くことだ。
　生地の仕上がりは、木べらですくって持ち上げたときにポタリと落ちる状態が目安となるが、少しかたい場合は、卵白を加えて調整する。

材料（できあがり約430g）
水 …… 260mℓ
マーガリン …… 150g
塩 …… 5g
中力粉 …… 160g
卵 …… 6個

作り方
1 鍋に水、マーガリン、塩を入れて弱火にかける。マーガリンがとけたら中火にし、沸騰させる。
2 1を弱火にし、中力粉を少しずつ加え混ぜる。ひとかたまりになったら火を止める。
3 2にときほぐした卵を少しずつ入れて、よく混ぜ合わせる。

本書で使用する菓子
ドゥシェーズシュ →P97
ソーニョシュ →P198

基本のクリーム 1種

この卵黄とシロップで作るクリームなしに
ポルトガル菓子は語れない。

ドース・デ・オヴォシュ
DOCE DE OVOS

多くの修道院菓子はこのクリームをベースに作られる。砂糖と水を101℃あるいは103℃に煮たシロップに、卵黄を合わせとろみが出るまでゆっくりと煮詰める。シロップの温度によりその粘度やなめらかさが異なる。

ちなみに煮詰め方が浅く、やわらかいドース・デ・オヴォシュをオヴォシュ・モーレシュと呼ぶ。

材料（できあがり約240g）
卵黄 …… 8個分
グラニュー糖 …… 125g
水 …… 65mℓ

作り方
1. 卵黄をときほぐし、裏ごしする。
2. 鍋（できれば銅鍋）に水とグラニュー糖を入れ、混ぜてから中火にかける。沸騰したら弱火にして1分煮て、火からおろす。3分冷ます。
3. 1に2を少しずつ加え、混ぜる。
4. 3を2の鍋（できれば銅鍋）に戻し、弱火にかける。木べらで絶えず混ぜながら15〜17分煮る。

本書で使用する菓子
ドン・ロドリゴ →P98
ランプレイア・デ・オヴォシュ →P100
グアルダナッポ →P108
ジュズイッタシュ →P110
モロトフ →P128
モルガディーニョシュ・デ・アーメンドア →P130
パステイシュ・デ・テントゥガル →P162
ケイジーニョシュ・デ・アーメンドア →P180
トルタ・デ・アゼイタオン →P209
トラヴェセイロシュ →P212

覚えておきたい用語

マッサ・パラ・パステイシュ・デ・ナタ
（ナタ生地）
MASSA PARA PASTÉIS DE NATA

パイ生地の一種で、パステル・デ・ナタ（→P164）やパステイシュ・デ・ココ（→P158）などのタルトレットに使われる、パリパリとした食感の生地がこれ。三つ折り1回、四つ折り1回を長方形にのばし、長い方の辺を空気が入らないようにねじりながらロールする。そして1.5〜2cm幅にカットし、切り口を上にして型に入れ、指で広げていくという、原始的な扱い方をする。

カルダ・デ・アスーカー
（シロップ）
CALDA DE AÇUCAR

ポルトガルの伝統菓子は砂糖を直に材料に混ぜるのではなく、水と合わせ煮立ててシロップにしてから用いる。今でこそ、温度計や糖度計で確認できるが、目視でチェックしていた時代が長かった。何世紀もの間、適切な煮詰め具合を把握できたのは、101℃は"パスタ状"、103℃は"糸状"、112℃は"飛ぶ"といった具合に、それぞれの温度によるシロップの状態を、的確な言葉で形容して伝えたからである。

クレーム・パステレイロ
／クレーム・デ・パステラリーア
CREME PASTELEIRO
／CREME DE PASTELARIA

黄色くてなめらかなクリームで、香りはレモンの皮やバニラでつける。フランスのクレーム・パティシエールよりも、やさしいあっさりとした味で、ボーラ・デ・ベルリン（→P36）など、フィリングでよく使われる。卵黄ではなく全卵を使用するものが登場し、コーンスターチではなく、小麦粉でなめらかさを出すものが主流になった。

ポルトガル語対照表

製菓材料や菓子に関連するポルトガル語の綴りと読み方を表にした。
少しでも言葉がわかると、それがどんな菓子かイメージがしやすい。

材料名	読み方	日本語	材料名	読み方	日本語
bolo	ボーロ	ケーキ	óleo	オレオ	油
biscoito	ビスコイット	ビスケット	azeite	アゼイテ	オリーブオイル
tarte	タルテ	タルト	marmelo	マルメロ	マルメロ
folhado	フォリャード	パイ	limão	リマオン	レモン
pão	パォン	パン	laranja	ラランジャ	オレンジ
rebuçado	レブサード	飴	pêra	ペーラ	洋梨
sobremesa	ソブレメーザ	デザート	macã	マサーン	リンゴ
farina	ファリーニャ	小麦粉	pêssego	ペーセゴ	モモ
milho	ミーリョ	トウモロコシ	figo	フィゴ	イチジク
arroz	アローシュ	米	uva	ウヴァ	ブドウ
manteiga	マンテイガ	バター	coco	ココ	ココナッツ
leite	レイテ	牛乳	abobora gila	アボーボラ・ジーラ	金糸瓜（そうめんカボチャ）
nata	ナタ	生クリーム	carne	カルネ	肉
queijo	ケイジョ	チーズ	peixe	ペイシェ	魚
ovo	オヴォ	卵	frango	フランゴ	鶏肉
clara	クララ	卵白	bacalhau	バカリャウ	干しダラ
gema	ジェマ	卵黄	batata	バタータ	ジャガイモ
açúcar	アスーカー	砂糖	cebola	セボーラ	タマネギ
sal	サル	塩	amêndoa	アーメンドア	アーモンド
pimenta	ピメンタ	コショウ	noz	ノーシュ	クルミ
chocolate	ショコラーテ	チョコレート	passas	パッサシュ	レーズン
maçapão	マサパォン	マジパン	baunilha	バウニーリャ	バニラ
fermento em pó	フェルメント・エン・ポー	ベーキングパウダー	canela	カネラ	シナモン
fermento padeiro	フェルメント・パデイロ	イースト	noz moscada	ノーシュ・モスカーダ	ナツメグ
gelatina	ジェラティーナ	ゼラチン	cravo	クラヴォ	クローブ
mel	メル	ハチミツ	erva doce	エルヴァ・ドース	アニス
doce de fruta	ドース・デ・フルータ	ジャム	cuminho	クミーニョ	クミン

菓子作りの前に

おろそかにしがちだが、菓子を作る際に知っておきたい事柄を紹介する。きちんとした態度で臨むことが、菓子の仕上がりを左右する。

- マニキュアは必ずとり、手首までしっかり手洗いする。
- 乾燥した道具を使う。
- 計量表記は、大さじ1＝15㎖、小さじ1＝㎖である（すりきり）。
- オーブンはものにより、焼き上がる時間が異なる。また上火が強い、下火が強いといったクセ、または焼きが強い／弱いの好みもある。まずは自分のオーブンの特徴を知ること。
- マッサ・フォリャーダ（→P214）を作るときは素早く。そして水や粉は冷たい状態で。暑い時期であれば冷蔵庫で冷やしておくとよい。
- イーストで発酵させるマッサ・デ・パォン（→P215）は天候が影響しやすい。暑く湿気の多い時期は発酵が速い。発酵時間とともに、寒い時期は多めに、暑い季節は少なくするなど、使用する水分量で調節する。
- 特記してある場合以外は、卵とバターは室温に戻しておく。

道具について

菓子作りに欠かせない道具類を紹介する。
ポルトガルならではのものもあるが、日本と同じか代用できるものもある。

計量道具

菓子作りは正確な計量から始まる。1g単位で1kgまで計量できるはかり、計量スプーン、計量カップは必須。

キッチン道具

ポルトガルでは赤茶色の陶器のボウルが使われることが少なくないが、日本の一般的なボウルで代用できる。粉類はふるってから使うので、ふるいも必要。木べらはにおいがうつるので料理用とは分けること。

照りをつけるときに使う刷毛は豚毛のものでもよいが、抜けたときに混入しやすく紛れやすいので、赤や青のシリコン製が使いやすい。
仕上げに粉糖をふったりするのには、茶こしを使用する。ポルトガルにはステンレス製やアルミ製のマグに穴のあいたふたがついたものがあり、パステル・デ・ナタ（→P164）を食べるときの、粉砂糖とシナモンパウダーの容れ物としても利用され、好みでふりかける。

焼きあがった菓子を冷まし、底部に水分がたまらないように網を使う。ブレッドボードは菓子を切り分けるときに使うが、まな板でもよい。

あると便利な道具

ラシパデイラと呼ばれるレモンやオレンジの皮のすりおろし器があり、ナツメグにも使用する。ケーキの中まで火が通ったかどうか確認するのに、竹串や乾麺のスパゲティを利用する。

製菓道具

　一般的なケーキやフルーツケーキ用の型は用意しておきたい。シリコン製の型も多く出回っており、これらは日本のものと大差ない。

ファルトゥーラシュ(→P86)の生地を絞り出す器具。脇にはさみ、固定させて使用する。

ポルトガル北部や大西洋沿岸のベイラ地方ではいまだにパォンデロー(→P140)は素焼きの型が使われる。素焼きの型は重く割れやすいが長持ちする。

焼きごてでデコレーションを施すのは、ポルトガルではよく見る。さまざまなモチーフや大きさのものが揃う。

電器調理器具

　手でできなくもないが、電気調理器具を使えば手間も時間も大幅に短縮できる。泡立てるのに便利なハンドミキサー、アーモンドを粉末にするのにフードプロセッサーのほか、少量の生クリームを泡立てるときなどには、コップに入れて使用するスティックミキサーがあると便利。

プディン(→P172)の型は必ず真ん中に穴があいている。一度に大きく作って切り分けて食べるので、ひとり分ずつになっている小ぶりな日本のプリン型はあまり使わない。

219

材料について

本書では日本で一般的な材料をレシピの基本にしているが、ここではポルトガルならではの素材についても紹介する。

粉類と膨張剤

菓子作りにもっともよく使う粉は薄力粉。強力粉やトウモロコシ粉、米粉を使うこともある。粉に含まれる灰分が表示され、「55タイプ」が日本の薄力粉に該当するが、中力粉に近いので、好みで強力粉を混ぜてもよい。強力粉は「65タイプ」となる。近年はあらかじめ材料が入った、ケーキミックスも売られている。

膨張剤としてベーキングパウダーや重曹、発酵生地のマッサ・デ・パォン（→P215）の場合は、イーストが使われる。ポルトガルでは「55タイプ」の小麦粉にあらかじめベーキングパウダーが入った"ブランカ・デ・ネヴェ"という便利な商品もある。イーストは生イーストかドライイーストを使う。パン屋さんから分けてもらうこともある。

糖類

ポルトガルでよく使われる砂糖はグラニュー糖。古くから作られている菓子で三温糖を使うこともある。仕上げなどには粉糖も使う。上白糖に該当する、白くてしっとりとした砂糖はない。

アソーレス諸島、マデイラ島の伝統菓子にはキビ蜜、モラセスもよく使われる。ポルトガルの伝統菓子で利用されてきたのはハチミツ。種類は、オレンジの花、ローズマリー、ユーカリ、栗の花など多種あり、異なる濃度や香りや色が作り手の個性につながる場合も少なくない。

バターと脂質

本国の菓子店ではほとんどがマーガリンを使用。家庭でも菓子作りはマーガリンで行われることが多い。例外もあり、アソーレス諸島ではバターを使って菓子が作られる。

アレンテージョ地方ではラードは"白いバター"と呼ばれ、料理だけでなく菓子にも使われる。オリーブオイルも菓子の材料として、産地ではよく使われる。かつては揚げ菓子の生地のみならず、揚げ油にもオリーブオイルが使用されていたが、現在ではほとんどの場合はサラダ油となっている。

牛乳とクリーム

牛乳は大きく、殺菌牛乳のLeite pasterizada（沸騰させず75℃で15秒殺菌、または80℃で5秒殺菌）と長期保存牛乳のLeite UHT（135℃-150℃で0.5秒～15秒殺菌）とに分けられる。脂肪の含有量の分類でいうと、3.5％のLeite gordo、1.5～2.0％のLeite meio gordo、1.5％以下のLeite magroとなる。

生クリームは脂肪分30％が一般的で、長期保存できるホイップクリーム用の生クリームは脂肪分35％である。コンデンスミルクも使われる。

卵

ポルトガルの菓子で重要な役割を果たす。新鮮なものを使うのが鉄則。赤玉が主流で、卵の重量は、通常サイズで60g。6個単位で販売される。詳しくは、「ポルトガル菓子に不可欠な卵について」（→P228）にて紹介。

スパイス類

もっともよく使われるのがシナモン。生地に混ぜ込むだけでなく、アローシュ・ドース（→P24）などのデザート系の菓子では、仕上げにたっぷりのせることも多い。シナモンスティックはシロップや牛乳の香りづけに使われる。

アニスシードもよく使用される。そのままで使うこともあれば、ハーブティーのように、いったん煮出してから使うこともある。クローブ、ナツメグも利用される。

ナッツ類

ポルトガルでよく使うナッツは、アーモンド、クルミ、松の実。厳密にはナッツではないが、ピーナッツも使われる。なかでもアーモンドの使用頻度は高く、皮つき/なしホール、スライス、粉と、さまざまな形状で用いられる。その目的も、生地の材料としてだけでなく、飾りとしてもよく使われる。

粉の場合は、アーモンドプードルでもよいが、ホールで保存しておき、使用する際に挽いてふるうとおいしさが増す。

トラシュ・オシュ・モンテシュ地方では栗もよく使われる。生でも、乾燥させたものを粉末にしても使われる。

ドライフルーツ

レーズン、イチジク、ドレンチェリー、アンズ、洋ナシなどがある。レーズンはアルコールに漬けてから使うことが多い。赤や緑のドレンチェリーは、味というよりも見た目のアクセントとして菓子にのせる。

果物

生の果物は伝統菓子にはほとんど使われない。ただしレモンやオレンジの皮は香りづけに使われることが多い。オレンジの汁は揚げ菓子の生地に入れて使用される。

ポルトガルらしい果物として、マルメロと金

糸瓜（そうめんカボチャ）が挙げられる。マルメロはカリンに似た果物で、ジャム状のマルメラーダ（→P124）にした上で、アレンジを加えたものがさまざまに使われる。金糸瓜もいったんジャムにしてから、修道院菓子に多用される。夏から秋に収穫されるが、すぐにジャムにしなくとも貯蔵できるので便利だ。

　また、カボチャやオレンジも砂糖漬けにしてクリスマスのボーロ・レイ（→P58）の飾りなどに使用される。

　このようにジャムや砂糖漬けのほか、シロップ漬け、果実酒などの保存食にした果物を使うことが、ポルトガル菓子では多い。

アルコール類

　ポルトガルの銘酒として知られるポートワインやマデイラワインは飲むだけではなく、菓子の香りづけによく使われる。焼きリンゴのようなデザート菓子、マサーン・アサーダ（→P118）のように多種のアルコールを使うときは、容れ物持参でカフェに行き、1杯ずつ購入することもある。生地にテーブルワインを加えるビスケットもある。

　ワインから造るアグアルデンテは、ポルトガルのブランデーといわれる蒸留酒。アルコール度数が高いので、菓子の表面に塗ると、芳醇な香りを添えるだけでなく、殺菌効果も大きいので日持ちをよくする。

ポルトガルらしいもの

　ポルトガルで日常的な菓子の材料のいくつかを紹介する。

　お米を牛乳で煮て、最後に卵黄を混ぜるアローシュ・ドース（→P24）。その卵黄の代用品といえるカスタードパウダーは、ポルトガルではおなじみ。食堂でもよく使われている。

　ポルトガルでマリアビスケットと呼ばれる、市販のマリービスケットはそのままでおやつとして食べるだけでなく、菓子の材料としても使う。ボーロ・デ・ボラシャ（→P46）やセラドゥーラ（→P196）がそうである。

223

ポルトガル菓子ストーリー 1
ポルトガルのエリアの特徴

南北に長く、離島を擁するポルトガルは、
エリアによって違いが見られ、
アラブや貿易による影響が残る地方もある。

ミーニョ地方

　ポルトガル発祥の地であり、多くの修道院菓子を生み出した地方である。恵まれた自然環境は菓子作りに必要な材料が手に入りやすかった。卵をふんだんに使い、リッチな配合の菓子を生み出したのが特徴だ。卵を充分に泡立てて作るパォンデロー（→P140）やトルタ（→P208）などのやわらかくやさしい味わいの菓子が作られた。この地方の菓子がポルトガル全国の修道院に与えた影響は大きい。

トラス・オス・モンテス地方

　冬の寒さが厳しい地域だが、一部地域は地中海式気候でアーモンド、イチジク、オリーブ、コルク樫が育つため、これらをふんだんに使った菓子が作られる。全体的に、どっしりとした比較的保存のきく菓子が多い。甘食に似たエコノミコシュというオリーブオイル入りの焼き菓子がよく食べられる

　豚肉の各種腸詰の燻製が作られるので、具材にし、生地にオリーブオイルを練り込んだリッチなイースト菓子、フォラールが焼かれる。本書で紹介しているフォラール（→P104）はリスボン式で、このトラス・オス・モンテス地方のものとは異なる。

ベイラ地方

　近隣のミーニョ地方の影響を受け、卵を充分に泡立てた菓子、卵黄をたっぷりと使用した菓子が作られる。東側はワインの一大産地であり貴族が荘園をもっていたので、彼らを喜ばすために修道院でよりおいしい菓子作りが追求された。

　ベイラ地方、ミーニョ地方、トラス・オス・モンテス地方はドウロ川に接し、文化、人、物の交流も盛んであり類似点が多い。

エストレマドゥーラ地方、およびリバテージョ地方

　首都・リスボンを擁するのがこのエリア。中世の時代、リスボンはヨーロッパ有数の港であり、修道院も数多く存在した。砂糖などの製菓材料も入手しやすい環境であったことからリッチな配

ミーニョ地方のパォンデロー（→P140）のひとつ、カヴァカシュ（→P148）

日本の最中を彷彿とさせる、ベイラ地方のオヴォシュ・モーレシュ。

リスボン名物として知られるパステル・デ・ナタ（→P164）

合の菓子が作られてきた。
　現在リスボンといえば、パステル・デ・ナタ（→P164）があまりにも有名だ。これを食べることを目的とする観光客も多い。大西洋沿岸では半熟タイプのパォンデロー（→P140）もよく焼かれる。

アレンテージョ地方
　修道院が多く点在し、アーモンド、卵、金糸瓜、サツマイモ、豆を使用した菓子が競って作られた。卵を泡立てた軽い食感の菓子は少なく、重厚感のある菓子が目立ち、アラブの影響も見受けられる。大衆から生まれた菓子はパン種やパンを焼いた窯の余熱を利用して作るものが多い。

アルガルヴェ地方
　歴史的背景もあり、アラブの影響を色濃く受けている。卵を泡立てて作る菓子は少なく、オレンジ、アーモンド、イチジクを使用した菓子が多い。近年ではアルファロバ（キャロブ）を粉にし、チョコレートパウダーの代用とした新しい菓子も作られている。

アソーレス諸島、およびマデイラ島
　15〜16世紀に大陸より入植した人々により、ポルトガル本土のスタイルがもたらされつつ、アラブの影響も受けている。サトウキビ栽培が行われたのでキビ蜜を使った菓子が作られ、アルフェニン（→P14）のような飴細工も見られる。
　マデイラ島ではパッションフルーツや小さく濃い味をもつマデイラバナナを使った菓子が作られる。アソーレス諸島は酪農が盛んな土地なのでバターをよく使う。ポルトガル本土ではマーガリンはバターの代用品として菓子に使われるが、この地では一貫してバターで菓子を作る。生乳から作るチーズタルトレットも有名だ。またイギリスと貿易をしていたので、その影響を受けた菓子もある。離島であるため、本土よりも古い伝統菓子が残っている。

アレンテージョ地方のセリカイア（→P194）。スフレのような食感を持つ

干しイチジクとアーモンドを組み合わせた、アルガルヴェ地方のつまみのような菓子

ポルトガル菓子ストーリー 2
修道院をルーツをした菓子が多いわけ

ポルトガル菓子の特徴に
修道院をルーツとするものが多いことがある。
その理由を修道院の歴史をふまえて紹介する。

修道院は、キリスト教の修道生活を共同で送る人々の住居やその中での生活を指す場所である。ポルトガルでは10〜12世紀頃より修道院の存在を確認することができ、12〜16世紀頃に多くの修道院が建設され、ポルトガル社会において機能し始めたと考えられる。キリスト教の発展とともに修道院は拡大し、学問や教育さらに芸術においても大きな功績を残し、後には政治に関しても大きな影響力を持つようになった。

修道士、修道女の主たる活動は神への祈りであったが、貧しい人、けが人や病人を受け入れ食事を与え治療を施したりした。また、菓子を含む食事作り、ワイン醸造、養蜂、養鶏、畑仕事、漁や猟、散髪、糸を紡ぐところから始まる衣服作り、建物の設計図の作成、大工、その仕事は多岐にわたった。

修道院に入る者は貴族などの裕福な家庭出身の者が多く、学問の学びの場としても利用されていた。また若くして未亡人になった者や、未婚で出産した者が修道女となる場合も多くあった。修道女になる際にすべての財産を修道院に寄付しなければならなかった。また修道院は寄付を断ることができない、という決まりもあった。

現在、ポルトガルで伝統菓子と呼ばれるものの多くの起源は修道院菓子にあり、その主材料は卵（卵黄）と甘味料（砂糖）である。この背景には、当時の修道院の事情が深く関わっている。修道院で養鶏を行っていたことに加え、修道女を志願する人が鶏と卵を持参する決まりがあり、それゆえ当時貴重であった卵が惜しみなく使えた。甘味料については養蜂していたこともあり、ハチミツを用いることができた。

15世紀に入ると、アソーレス諸島、マデイラ島、植民地であったブラジルでサトウキビ栽培を大量生産するプランテーションが確立し、砂糖の入手が容易になったことから甘味料がハチミツから砂糖へと代わっていった。ただし、砂糖の時代になっても、それまでハチミツという液体で使用

ポルタレグレの修道院は現在、警察学校として利用されている

建物の中は大きく改装されたところ、当時の面影を残すところなどさまざま

修道院ルーツのフィオス・デ・オヴォシュ（→P94）をトッピングした菓子

していたものを、固体である砂糖で代用するのは、容易ではなかった。そこで着目されたのがシロップ（→P216）である。砂糖と水をシロップ状にして、すなわちハチミツの状態に似せて使うというわけだ。今でも修道院をルーツとする菓子の多くが、砂糖を水でとかして煮詰めてから使用するのはそのためである。

また、修道院は王族、貴族が国内を旅する際の宿泊施設としての役割も果たしていた。そのため、どこの修道院でも高貴な人のもてなしの質の向上に励んでいた。菓子作りも例外ではなく、よりいっそうおいしいものを作るための研究に余念がなかった。修道院で菓子作りが発達した要因のひとつはそのためである。

とはいえ、潤沢に手に入る材料は限られる。そのため、充分に使える卵と砂糖の多用に拍車がかかったのである。修道院の生活では、卵白はワインのおりをとり除いたり、洗濯物を糊づけたりするのに使用されていた。すると、たくさんの卵黄が余る。この卵黄を有効利用するために、菓子の材料としてふんだんに使われるようになった。

そして特筆すべきは、水と砂糖を煮詰めてシロップにするときの微妙な変化を見逃さなかった点である。シロップは温度によって状態が異なる。ポルトガルの修道女らはこれを利用し、知恵と工夫でもって、多彩な菓子を作り出したのだ。

活発な活動を見せ大きな存在となった修道院だったが、それゆえに危険視されるようになる。1834年、修道院に権力が集中することを恐れたドン・ペドロ王が修道院廃止例を施行。生活の場とそこでの仕事を失った修道士、修道女は貴族に仕えたり、家族や知人に修道院で作られていた菓子のレシピを教えたりして糊口を凌ぐことになる。

このような背景から、それまでは修道院でしか作られず一般には食べることができなかった特別な修道院菓子が、広く人々に知られることとなった。その結果、全国各地で修道院菓子が地域の伝統菓子として根づくこととなったのである。

いかにもポルトガルらしい、白と紺のアズレージョが装飾されたエントランス

修道院をはじめ、古城や要塞など歴史的建造物を改修した宿泊施設はポウサーダと呼ばれる

ポルトガルを代表する菓子、パォンデロー（→P140）も修道院がルーツとされる

ポルトガル菓子ストーリー 3
ポルトガル菓子に不可欠な卵について

卵と糖類は菓子作りに欠かせないが、
とりわけポルトガル菓子では、その比重は大きい。
そんなポルトガルの卵事情をみてみよう。

ポルトガルでは紀元前5世紀から卵を食している。ローマ人の影響で、2500年も前から卵を食べているというわけだ。卵が容易に入手できるようになったのは、19世紀末。採卵用養鶏がポルトガルで始まったことが、広く日常的な食材へとなったのだ。

現在、採卵用養鶏が盛んに行われているのは、中部や北部。ポルトガル菓子は修道院で作られていたものをルーツとするものが多く、修道院では卵と甘味料を入手しやすい環境になったことから、これらをたっぷり使うのが特徴だ（→P226）。養鶏場の所在地は、卵を大量に使用する修道院菓子の地域との関連性も充分に考えられる。

栄養学的には変わらないとされるが、ポルトガルでは「赤玉のほうが白玉より栄養価が高い」と思われている。そのせいか、流通している卵のほとんどが赤玉だ。その卵を産む鶏の品種は、黄色ポルトゲーザ、黒色ルジタニカと、ペドレーシュポルトゲーザ、白色ポルトゲーザの4種で、これらがポルトガル養鶏のメインの品種だ。前半の3種が赤玉産み9割以上のシェアを閉める。白い鶏は白い卵を産むのだが、その人気は低い。販売される卵は法律により、規格合格のハンコが殻の表面に赤インクで押すことが定められている。

ポルトガルでの卵の年間消費量は1人当たり10kg。個数にすると約500個だ。ということは、1日に食べる卵の量は1〜2個という計算になる。ポルトガルでは卵、特に卵黄をたっぷり使う菓子が多く、またそれらの菓子をしっかり摂取する習慣があることを考えると、摂取量は意外と少ないかもしれない

実は、ポルトガルでは朝食に卵を食べることはまずない。しかし、卵を使うポルトガル料理も多く、アレンテージョ地方スープには必ず入るし、ポルトガルを代表する干しダラ料理の"バカリャウ・ア・ブラーシュ"や"バカリャウ・ア・ゴメス・デ・サ"は卵なしでは成り立たない。"ビトック"という

スーパーマーケットの卵売り場。6個入りの紙パックで販売される

市場でも卵は売られ、バラ売りだが6個単位が基本

卵黄たっぷりのクリームが入ったケイジーニョシュ・デ・アーメンドア（→P180）

牛肉または豚肉の薄切りステーキにも目玉焼きがのっているし、12月24日のクリスマスの伝統的な夕食にもゆで卵が必ず添えられる（→P66）。

　ポルトガルの卵は卵黄が黄色ではなくオレンジ色だ。この卵黄こそがポルトガル菓子を輝かせる源となり、"黄金色"と表現される菓子は、卵黄のこの色が基軸となっている。

　もともとは、修道院では洗濯糊やワインのおりをとり除くために卵白が必要で、余った卵黄を利用して菓子作りが行われたという。しかし、現在では卵黄の使用頻度がぐっと高く、状況は逆転している。しかしながら、よくしたもので、"メレンゲのプリン"モロトフ（→P128）があったり、"干しダラのコロッケ"のボーリーニョシュ・デ・バカリャウに入れたり、余った卵白の利用ともいうべき菓子や料理がちゃんと存在するのだ。

　家庭ではこのように、卵黄をたくさん使ったら、余った卵白を利用するものを作って調整するが、菓子屋などの商業ベースでは、卵黄のみ、卵白のみで購入することができる。とはいえ、生の卵を割って作る菓子とあらかじめパックされた割卵とは、特に卵黄がメイン素材となり、前面に出る菓子では、でき上がりが異なる。味をとるか、必要なものを必要な分だけ仕入れてムダが出ないようにするか、悩ましいところではある。

　ちなみに日本では16世紀に長崎にやってきたポルトガル人宣教師の影響で、卵を食べるようになったとされる。鶏自体は、2500年以上前に朝鮮半島から渡来したと考えられるが、仏教が伝来して以降は、卵を食べることは殺生と考えられた。そのため、江戸時代までは食用ではなく、時刻と告げることや闘鶏のために鶏は飼育されていたのである。

　南蛮菓子は、ポルトガルを由来とし影響が色濃く反映された菓子の総称である（→P232）。日本の菓子文化にターニングポイントともいえる重要な役割を果たしたが、その主な材料である卵も日本の食文化に大きな影響を与えたのである。

修道院ルーツの菓子は、実にたくさんの卵を使う

2種類のパォンデロー（→P140）。どちらも卵が主原料

田舎の市場では鳥屋が卵も取り扱う

ポルトガル菓子ストーリー 4

カフェは飲食とともに人々の集いの場

ポルトガルの人々の生活に欠かせないカフェは、
地域のコミュニティスペース。
飲み物や甘いものだけでなく、多様なメニューを提供する。

ポルトガルのカフェは、日本でのカフェや喫茶店と違う。コーヒーを飲むためだけの場所ではなく、ポルトガル人にとって自宅の延長線上のスポット、端的にいうと、カフェは地域の人々のコミュニティスペースだ。社会のサード・プレイスといえるだろう。

提供されるメニューは、エスプレッソコーヒーのビッカを中心に、熱いカフェラテをガラスコップに入れたガラオンなどのコーヒーメニューをはじめ、缶入りや瓶入りのソフトドリンクがある。ビールなどのアルコールも提供する。

食べ物に目を向けると、パン菓子のカラコイッシュ（→P68）やカップケーキのようなボーロ・デ・アローシュ（→P44）などの甘い菓子もあれば、エンパーダシュ・デ・フランゴ（チキンパイ）（→P80）やパステイシュ・デ・バカリャウ（干しダラのコロッケ）（→P156）のような小腹がすいたときにつまみたいスナックもある。誕生日ケーキの予約注文も受ける。

時間を追ってみると、ポルトガル人の朝食の飲み物はガラオン（ミルクコーヒー）やビッカ（エスプレッソコーヒー、北部ではシンバリーノと呼ぶ）で、仕事前にカフェにやって来て、立ったままカウンターで飲み食いをすることが多い。朝食に食べるのは、パステル・デ・ナタのような甘い菓子や、カルカッサやボーリーニャシュと呼ばれる外がかためで中がもっちりしたパンにバターを塗って、薄切りのハムやチーズをはさんだものだ。そして、10時半頃に再びカフェでビッカを飲む。

昼食の時間帯は、カフェにとってまさに主戦場。ポルトガルの昼食は13時頃にスタートする。カフェでは、日替わりスープやビファーナ（パンに豚肉のソテーをはさんだもの）などの軽い食事だけでなく、ボリュームのある日替わりランチも提供。1時間ほどの休み時間を利用して、たっぷりの昼食を食べる。しめにはデザートが欠かせない。甘く煮た米のアローシュ・ドース（→P24）やサラダ・デ・フルータ（→P190）がその代表だ。そして、ここでも1杯のビッカ。

リスボンの老舗カフェ。地元の人から観光客までいつもたくさんの人で賑わう

カフェで提供されるパステル・デ・ナタ（→P164）。粉糖とシナモンシュガーは好み

通りにテーブルを並べたカフェのオープンエア・スポット

そして仕事が終わると、カフェで1杯飲んでから帰路につく。帰宅し夕食後、家族で近所のカフェへ行き1日をしめくくる。この時にとるのはビッカ（エスプレッソコーヒー）などの飲み物のみで、甘いものは食べない。アルコールを飲む人もおり、その場合は、ワインの搾りかすのブドウで造るバガッソやポルトガルのブランデーと呼ばれるアグアルデンテだ。

サッカーの試合があると行きつけのカフェに集まり、わいわいとテレビ観戦し、いっそうの盛り上がりをみせる。

このように人々の食生活に密着したカフェは、洗練された流行スポットではない。いつものメニューがそこにあり、清潔で働く従業員やオーナーが親切であればよしとされる、地域のコミュニティの場である。とはいえ、気軽に立ち寄れる飲食スポットとしての側面もあるカフェは、観光地や大型ショッピングセンターにもカフェはあり、こちらは日本のコーヒーショップやカフェに近く、店舗デザインなどのおしゃれ性も重視される。

ちなみにカフェではお茶も飲める。ハーブティーは家庭でもよく飲まれているし、コーヒー文化が広がる20世紀初めまでは紅茶が飲まれていたという歴史的背景もある。紅茶は16世紀にマカオを通じてリスボンに達し、海軍の上級層に広まったと考えられる。さらにイギリスに紅茶を飲む習慣を伝えたのは、ポルトガルからイギリスのチャールズ二世のもとに嫁いだカタリーナ（キャサリン）妃（1638〜1705年）といわれている。

このような背景から、ポルトガル語で「お茶を持っていない」という言葉は「教養がない」という意味に、今でも使われることがある。

ティーサロンでなくともどこのカフェでも紅茶を注文するとステンレスのポットにティーパックと熱いお湯を注いだものが出てくる。ちなみにカフェでシャー・デ・リマオン（レモンティー）を注文すると、ただのレモンの皮入りのお湯が出てくる。輪切りのレモンが添えられる紅茶とは違うので、ご注意を。

パステル・デ・ナタ（→P164）の店ではイートインもできる

カフェではエンパーダシュ・デ・フランゴ（→P80）などの軽食も摂れる

観光客が多いエリアでは、スタイリッシュなカフェも点在

ポルトガル菓子ストーリー 5

日本の菓子文化に大きな影響を与えたポルトガル菓子

日本には南蛮菓子と呼ばれるジャンルがある。
江戸時代に入り、ポルトガルの影響を色濃く受けた菓子は、
今も私たちの生活で親しまれている。

今でこそヨーロッパの菓子というと、フランスやイタリアのイメージが強いが、長い間日本の生活に根づき、日本の菓子に大きく影響を与えた国の菓子こそポルトガルである。

南蛮菓子という言葉を聞いたことがある人もいるだろう。たとえばカステラ(→P150)、たとえば金平糖。和菓子でありながら西洋の香りをまとったこれらの菓子は、そのルーツはポルトガルなのだ。

始まりは16世紀後半。九州の諸侯の間で南蛮貿易が始まったのがきっかけだ。とりわけ熱心だったのは、長崎・平戸。この地には400年以上続く「カスドース」という菓子がある。これはカステラを卵黄にくぐらせ、糖蜜で揚げたもので、ポルトガル菓子のソーパ・ドゥラーダ(→P200)がその起源とされる。

江戸時代に入り、長崎の出島が海外の玄関口になると、カステラや、物理的な距離の近さから、佐賀、福岡、熊本など九州に、南蛮菓子は広がり、独自の進化を遂げる。カステラはパォンデロー(→P140)、鶏卵素麺はフィオス・デ・オヴォシュ(→P94)、かせいたはマルメラーダ(→P124)、丸ぼうろはカヴァカシュ(→P148)、金平糖はコンフェイトシュ(→P72)など、オリジナルの趣をしっかり残したもの、大きく異なったものなどがあるが、いずれもポルトガルの影響なしでは生まれなかった菓子ばかりである。

四国は愛媛県・松山にもポルトガル菓子の影響はおよび、郷土の銘菓として知られる「一六タルト」もトルタ(→P208)をルーツとしたものだ。

また、日本に来て菓子が料理に変わったものもある。それは飛竜頭。関西でいう、がんもどきだ。オリジナルは揚げ菓子のフィリョーシュ(→P88)で、日本で変化を遂げるなかで、油で揚げる調理法のみが継承された恰好だ。

一般にポルトガル菓子は、甘い。現代の日本の感覚からすると、非常に甘いと思えるものが主流だ。これには理由がある。ポルトガルは7世紀から約700年間、イスラムの支配下にあった。す

日本のカステラ(→P150)のもととなったパォンデロー(→P140)

日本の鶏卵素麺のルーツとされる、フィオス・デ・オヴォシュ(→P94)

フィオス・デ・オヴォシュ(→P94)はポルトガルでは、さまざまにアレンジされる

でに砂糖の貿易が盛んだったイスラムのもと、ポルトガルは砂糖が比較的入手しやすい状況にあった。その後、サトウキビのプランテーション栽培や精製技術の発達により、砂糖は一般化する。そのため、菓子にたっぷり砂糖を使うのが可能だったのだ。

このように砂糖たっぷりのポルトガル菓子を日本で作るとなると、砂糖が入手しやすいところでないとむずかしい。日本における砂糖自体の歴史は古く、奈良時代に鑑真がもたらしたといわれている。しかし、おいそれとありつけるものではなく「白い宝石」と呼ばれる貴重品であった。事実、日本で砂糖が庶民の間に広がるのは、明治時代になってからだ。

その状況が変わるのは、ここでも南蛮貿易である。江戸時代、砂糖は南蛮貿易によってもたらされた輸入品で、オランダや中国を通じて入ってきた。長崎・出島に輸入された砂糖は、長崎街道を経て江戸へと運ばれた。長崎・出島から福岡・北九州市小倉をつなぐこの街道が、別名・シュガーロードと呼ばれるのはそのためである。当時、砂糖は幕府の統括下にあったとはいえ、街道沿いの長崎、佐賀、福岡は砂糖を入手するのに利があったというわけだ。こうして、街道沿いの町では、南蛮菓子の影響を受け、そして砂糖を材料として扱える環境となる。

ポルトガル菓子の影響を受けて発達した南蛮菓子は、和菓子のカテゴリーのなかで異彩を放つ。それは材料にあり、砂糖をふんだんに使うことが大きな特徴だ。卵や小麦粉などもたくさん使うのも、従来の和菓子にはなかったことだ。

そうしてポルトガルから伝えられ、主に北部九州で花開いた南蛮菓子は、日本人の嗜好に合わせて配合や作り方を工夫したり、より身近に利用できる素材や道具をとり込んだりしながら、進化を遂げる。歴史を伝える郷土菓子でもある南蛮菓子は、現在も人々に愛されて続けている。

マルメラーダ（→P124）は、日本に入ってかせいたに

飛竜頭／がんもどきのもとはポルトガルの揚げ菓子、フィリョーシュ（→P88）

日本で独自の進化をしたカステラ（→P150）。チョコレートやコーヒーのフレイヴァーも

ÍNDICE
索引

ア

揚げ菓子
  コシュコロインシュ ……………… 92
  コルヌコピア …………… 74
  ソーニョシュ …………… 198
  パステイシュ・デ・バカリャウ …… 156
  ファルトゥーラシュ ……………… 86
  フィリョーシュ・エンロラーダ …… 90
  フィリョーシュ・デ・フォルマ …… 88
  フィリョーシュ・テンディーダシュ・ノ・ジョエリョ
    ………………………… 91
  ボーラ・デ・ベルリン ……………… 36
  マラサーダシュ …………… 120
アーメンドアシュ・デ・ソブレメーザ … 16
アーモンド菓子
  アーメンドアシュ・デ・ソブレメーザ … 16
  アレピアードシュ ………………… 22
  ケイジーニョシュ・デ・アーメンドア … 180
  モルガディーニョシュ・デ・アーメンドア … 130
  レリアシュ …………… 116
アルカモニア（→アルコモニアシュ）……… 10
アルコモニアシュ …………… 10
アルゴラシュ …………… 20
アルフェニン …………… 14
アルファーダ（→パォン・デ・デウス）… 138
アレイアシュ …………… 18
アレトゥリーア …………… 12
アレピアーダシュ（→アレピアードシュ）… 22
アレピアードシュ …………… 22
アローシュ・ドース …………… 24
イースター菓子
  アーメンドアシュ・デ・ソブレメーザ …… 16
  コンフェイトシュ …………… 72
  ティジェラーダ …………… 206
  パォンデロー …………… 140
  フィリョーシュ …………… 88
  フォガッサ …………… 102
  フォラール …………… 104
  ボーラ・デ・アゼイテ …………… 34
  ボーロ …………… 42

マラサーダシュ …………… 120
一六タルト（→トルタ）…………… 209
エス …………… 188
エスシュ・デ・アゼイタオン（→エス）…… 188
エスタラディーニョ（→パォン・デ・デウス）… 138
エッグタルト（→パステル・デ・ナタ）… 165
エンシャルカーダ …………… 82
エンショヴァリャーダシュ（→アーメンドアシュ・デ・ソブレメーザ）
    ………………………… 16
エンパーダシュ・デ・フランゴ …………… 80
オヴォシュ・バルドシュ …………… 134
オヴォシュ・モーレシュ（→ドース・デ・オヴォシュ）
    ………………………… 216

カ

カヴァカシュ …………… 148
カヴァカシュ・デ・レゼンデ …………… 147
カスターニャシュ・デ・オヴォシュ …………… 70
カステラ …………… 150
カスドース（→ソーパ・ドゥラーダ）… 201
かせいた（→マルメラーダ）…………… 125
カラコイッシュ …………… 68
カラスキーニャシュ・デ・アルガルヴェ（→アレピアードシュ）
    ………………………… 22
カリソシュ（→アレピアードシュ）… 22
カルダ・デ・アスーカー …………… 216
生地 …………… 214
  シュー生地（→パータ・シュー）… 215
  ナタ生地（→マッサ・パラ・パステイシュ・デ・ナタ）… 216
  パイ生地（→マッサ・フォリャーダ）… 214
  パン生地（→マッサ・デ・パォン）… 215
  ブリオッシュ生地 …………… 139
  マッサ・デ・パォン …………… 215
  マッサ・テンラ …………… 214
  マッサ・パラ・パステイシュ・デ・ナタ … 216
  マッサ・フォリャーダ …………… 214
  パータ・シュー …………… 215
グアルダナッポ …………… 108
クリスマス菓子
  アレトゥリーア …………… 12
  コシュコロインシュ …………… 92
  ソーニョシュ …………… 198
  パォンデロー …………… 140
  フィリョーシュ …………… 88
  プディン・デ・レイテ …………… 172

ブローアシュ・デ・エスペッシー ……………… 64
ブローアシュ・デ・バタータ ……………… 62
ボーロ・デ・メル・ダ・マディラ ……………… 48
ボーロ・ポードレ ……………… 56
ボーロ・レイ ……………… 58
ランプレイア・デ・オヴォシュ 100
クリーム 216
　クレーム・パステレイロ 216
　ドース・デ・オヴォシュ 216
クレーム・デ・パステラリーア（→クレーム・パステレイロ）
……………… 216
クレーム・パステレイロ 216
クレーム・ブリュレ（→レイテ・クレーム） 113
ケイジーニョシュ・デ・アーメンドア ……………… 180
ケイジャーダ 178
鶏卵素麺（→フィオス・デ・オヴォシュ） 95
ケーキ
　カステラ ……………… 150
　グアルダナッポ ……………… 108
　トッシーニョ・ド・セウ ……………… 210
　トルタ ……………… 208
　トルタ・デ・アゼイタオン 209
　ボーロ・デ・アローシュ ……………… 44
　ボーロ・デ・ノイヴァ ……………… 50
　ボーロ・デ・メル・ダ・マディラ ……………… 48
　ボーロ・ポードレ ……………… 56
コヴィレッテシュ ……………… 76
コシュコロインシュ ……………… 92
コルヌコピア ……………… 74
コンフェイトシュ ……………… 72
金平糖（→コンフェイトシュ） ……………… 73

サ

サラダ・デ・フルータ ……………… 190
サラミ・デ・ショコラーテ ……………… 192
シュー生地（→パータ・シュー） ……………… 215
ジュズイッタシュ ……………… 110
シロップ（→カルダ・デ・アスーカー） ……………… 216
セラドゥーラ ……………… 196
セリカー（→セリカイア） ……………… 194
セリカイア ……………… 194
ソーニョシュ ……………… 198
ソーパ・ドゥラーダ ……………… 200
ソルティード・ウンガロ ……………… 202

タ

タラッサシュ ……………… 204
タルト
　ケイジャーダ ……………… 178
　パステイシュ・デ・ココ ……………… 158
　パステイシュ・デ・フェイジャオン ……………… 160
　パステル・デ・ナタ ……………… 164
　ボン・ボカード ……………… 167
ティジェラーダ ……………… 206
ティジェラーダ・デ・アブンテシュ（→ティジェラーダ）
……………… 206
ティジェラーダ・デ・フェレイラ・ド・ゼゼレ（→ティジェラーダ）
……………… 206
デザート
　アレトゥリーア ……………… 12
　アローシュ・ドース ……………… 24
　エンシャルカーダ ……………… 82
　オヴォシュ・パルドシュ ……………… 134
　サラダ・デ・フルータ ……………… 190
　セラドゥーラ ……………… 196
　セリカイア ……………… 194
　ソーパ・ドゥラーダ ……………… 200
　ドース・ダ・アヴォ ……………… 78
　パポシュ・デ・アンジョ ……………… 154
　ファロフィアシュ ……………… 84
　ペーラシュ・ベーバダシュ ……………… 168
　ボーロ・デ・ボラシャ ……………… 46
　マサーン・アサーダ ……………… 118
　ムース ……………… 132
　ムース・デ・ショコラーテ ……………… 133
　モロトフ ……………… 128
　レイテ・クレーム ……………… 112
　レイテ・セラフィン ……………… 114
ドゥシェーズシュ ……………… 97
トウモロコシ菓子
　パパシュ・デ・ミーリョ ……………… 152
　ビスコイット・デ・ミーリョ ……………… 30
　ブローア・デ・ミーリョ ……………… 60
ドース・ダ・アヴォ ……………… 78
ドース・ダ・カーザ（→ドース・ダ・アヴォ） ……………… 78
ドース・デ・オヴォシュ ……………… 216
トッシーニョ・ド・セウ ……………… 210
トラヴェセイロシュ ……………… 212
トルタ ……………… 208

235

トルタ・デ・アゼイタオン ………… 209
トルタ・デ・アゼイタオン ………… 209
ドン・ロドリゴ ………………………… 98

ナ

ナタ（→パステル・デ・ナタ） ……… 164
ナタ生地（→マッサ・パラ・パステイシュ・デ・ナタ） … 216
南蛮菓子 ………………………… 232
　一六タルト（→トルタ） ………… 209
　カステラ ……………………… 150
　カスドース（→ソーパ・ドゥラーダ） … 201
　かせいた（→マルメラーダ） …… 125
　鶏卵素麺（→フィオス・デ・オヴォシュ） … 95
　金平糖（→コンフェイトシュ） … 73
　丸ぼうろ（→カヴァカシュ） …… 148

ハ

パイ
　エンパーダシュ・デ・フランゴ ……… 80
　コヴィレッテシュ ……………… 76
　ジュズイッタシュ ……………… 110
　トラヴェセイロシュ …………… 212
　パルミエール …………………… 136
パイ生地（→マッサ・フォリャーダ） …… 214
パォン・デ・デウス ………………… 138
パォンデロー …………………… 140
　カヴァカシュ ……………………… 148
　カヴァカシュ・デ・レゼンデ …… 147
　カステラ ……………………… 150
　ソーパ・ドゥラーダ …………… 200
　パォンデロー・デ・アーメンドア …… 146
　パォンデロー・デ・アルフェイゼラオン ……… 144
　パォンデロー・デ・オヴァール …… 142
　パォンデロー・ミニョット …… 140
パォンデロー・ウミド（→パォンデロー・デ・アルフェイ
　ゼラオン） ………………………… 144
パォンデロー・コン・クレーム（→パォンデロー・デ・オヴァール）
　……………………………………… 142
パォンデロー・デ・アーメンドア …… 146
パォンデロー・デ・アルフェイゼラオン …… 144
パォンデロー・デ・オヴァール …… 142
パォンデロー・デ・マルガリーテ
　（→パォンデロー・ミニョット） …… 140
パォンデロー・ファティーア（→カヴァカシュ・デ・レゼンデ）
　……………………………………… 147

パォンデロー・ミニョット ………… 140
パステイシュ・デ・ココ …………… 158
パステイシュ・デ・テントゥガル …… 162
パステイシュ・デ・バカリャウ …… 156
パステイシュ・デ・フェイジャオン …… 160
パステル・デ・ナタ ………………… 164
　ボン・ボカード ………………… 167
パータ・シュー …………………… 215
パパシュ・デ・ミーリョ ………… 152
パポシュ・デ・アンジョ ………… 154
パルミエール …………………… 136
パルミエールシュ・レシアードシュ（→パルミエール）
　……………………………………… 137
パン菓子
　カラコイッシュ ………………… 68
　パォン・デ・デウス …………… 138
　フォラール ……………………… 104
　ブローア・デ・ミーリョ ……… 60
　ボーラ・デ・アゼイテ ………… 34
　ボレイマ ………………………… 40
　ボーロ・ド・カッコ …………… 52
　ボーロ・レイ …………………… 58
　ボーロ・レヴェド ……………… 54
　マッサ・ソヴァーダ …………… 126
パン生地（→マッサ・デ・パォン） …… 215
ビスケット
　アルゴラシュ …………………… 20
　アレイアシュ …………………… 18
　エス ……………………………… 188
　ソルティード・ウンガロ ……… 202
　ビスコイット・デ・アゼイテ …… 28
　ビスコイット・デ・オレーリャ …… 32
　ビスコイット・デ・ミーリョ …… 30
　ベーパドシュ …………………… 26
　ボラシャ・デ・セトゥーバル …… 38
　ライヴァシュ …………………… 182
　レリアシュ ……………………… 116
ビスコイット・デ・アゼイテ ……… 28
ビスコイット・デ・オレーリャ …… 32
ビスコイット・デ・ミーリョ ……… 30
ピニョアーダ …………………… 170
ピニョアーダ・デ・アルカセル・ド・サル（→ピニョアーダ）
　……………………………………… 170
ファルトゥーラシュ ……………… 86
ファロフィアシュ ………………… 84

ÍNDICE •

フィオス・デ・オヴォシュ …………… 94
フィリョーシュ
　コシュコロインシュ ……………… 92
　フィリョーシュ・エンロラーダ ……… 90
　フィリョーシュ・デ・フォルマ ……… 88
　フィリョーシュ・テンディーダシュ・ノ・ジョエリョ
　　　　　　　　　　　　　　　　　 91
フィリョーシュ・エンロラーダ ……… 90
フィリョーシュ・テンディーダシュ・ノ・ジョエリョ
　　　　　　　　　　　　　　　　　 91
フィリョーシュ・デ・フォルマ ……… 88
フィリョーシュ・フローレ（→フィリョーシュ・デ・フォルマ）
　　　　　　　　　　　　　　　　　 88
フォガッサ …………………………… 102
フォガッサ・デ・アルコシェッテ（→フォガッサ）… 102
フォラール …………………………… 104
プディン
　プディン・デ・バタータ …………… 176
　プディン・デ・レイテ ……………… 172
　プディン・ド・アバーデ・デ・プリシュコシュ … 174
　モロトフ …………………………… 128
プディン・デ・バタータ ……………… 176
プディン・デ・レイテ ………………… 172
プディン・ド・アバーデ・デ・プリシュコシュ …… 174
プディン・モロトフ（→モロトフ）…… 128
プリン（→プディン・デ・レイテ）…… 173
ブローア・デ・パォンデロー（→パォンデロー・ミニョット）
　　　　　　　　　　　　　　　　　 140
ブローア・デ・ミーリョ ……………… 60
ブローアシュ・デ・エスペッシー ……… 64
ブローアシュ・デ・バタータ ………… 62
ブローアシュ・カステラール
　（→ブローアシュ・デ・エスペッシー）…………… 65
ベーバダシュ（→ベーバドシュ）…… 26
ベーバドシュ ………………………… 26
ペーラシュ・ベーバダシュ …………… 168
ボーラ・デ・アゼイテ ………………… 34
ボーラ・デ・ベルリン ………………… 36
ボラシャ・デ・セトゥーバル …………… 38
ボーリーニョシュ・デ・バカリャウ
　（→パステイシュ・デ・バカリャウ）… 156
ボレイマ ……………………………… 40
ボーロ ………………………………… 42
ボーロ・デ・アローシュ ……………… 44
ボーロ・デ・ノイヴァ ………………… 50

ボーロ・デ・ボラシャ ………………… 46
ボーロ・デ・メル（→ボーロ・ボードレ）…………… 56
ボーロ・デ・メル・ダ・カーナ
　（→ボーロ・デ・メル・ダ・マディラ）…………… 48
ボーロ・デ・メル・ダ・マディラ ……… 48
ボーロ・ド・カッコ …………………… 52
ボーロ・ボードレ ……………………… 56
ボーロ・レイ …………………………… 58
ボーロ・レヴェド ……………………… 54
ボーロシュ・デ・ジェマ（→カヴァカシュ）… 148
ボーロシュ・デ・パシュコア（→ボーラ・デ・アゼイテ）
　　　　　　　　　　　　　　　　　 34
ボーロシュ・デ・マッサ・デ・マンテイガ（→アルゴラシュ）
　　　　　　　　　　　　　　　　　 20
ボン・ボカード ………………………… 167

マ

マサーン・アサーダ …………………… 118
マッサ・ソヴァーダ …………………… 126
マッサ・デ・パォン …………………… 215
マッサ・テンラ ………………………… 214
マッサ・パラ・パステイシュ・デ・ナタ … 216
マッサ・フォリャーダ ………………… 214
マラサーダ（→マラサーダシュ）…… 121
マラサーダシュ ……………………… 120
丸ぼうろ（→カヴァカシュ）………… 148
マルメラーダ ………………………… 124
マンジャール・ブランコ ……………… 122
ムース ………………………………… 132
　ムース・デ・ショコラーテ ………… 133
ムース・デ・ショコラーテ …………… 133
モルガディーニョシュ・デ・アーメンドア … 130
モロトフ ……………………………… 128

ラ

ライヴァシュ ………………………… 182
ランプレイア・デ・オヴォシュ ……… 100
レイテ・クレーム ……………………… 112
レイテ・セラフィン …………………… 114
レブサードシュ・デ・オヴォシュ …… 184
レリアシュ …………………………… 116

237

BIBLIOGRAFIA
参考文献

『ポルトガルのお菓子工房』智子ドゥアルテ著 (成星出版)

『増補改訂 イギリス菓子図鑑 お菓子の由来と作り方：伝統からモダンまで、知っておきたい英国菓子135選』羽根則子著 (誠文堂新光社)

『ドイツ菓子図鑑 お菓子の由来と作り方:伝統からモダンまで、知っておきたいドイツ菓子102選』森本智子著(誠文堂新光社)

「肥前の菓子」村岡安廣著 (佐賀新聞社)

「江戸時代の平戸の菓子」江後迪子著 (つたや総本家)

「太陽の地図帖 郷土菓子」(平凡社)

『人と土地と歴史をたずねる 和菓子』中島久枝著 (柴田書店)

「ケーキング vol.8」(柴田書店)

「ケーキング vol.14」(柴田書店)

「TRANSIT 40号」ユーフォリアファクトリー編(講談社)

「料理と栄養 2013年2月号」(女子栄養大学出版部)

『Festas e comeres do povo português Volume I e II』Maria de Lurdes Modesto e Afonso Graça著 (Verbo editora)

『Cozinha Tradicional Portuguesa』Maria de Lurdes Modesto 著 (Verbo editora)

『Cozinha Açoriana』Zita Lima 著 (Everest Editora)

『Doçaria Regional Portuguesa』(Impala)

『Doçaria Tradicional Portuguesa do Chefe Silva』António Silva 著 (Meriberic／Liber)

『Cozinha Regional do Algarve』(Entidade Regional de turismo do Algarve)

『Doces Conventuais da tradição de Santa Clara』(Camara Municipal de Portalegre)

『Fabrico Próprio』Pedrita (Rita João, Pedro Ferreira e Frederico Duarte著 (GRita João, Pedro Ferreira e Frederico Duarte)

『Produtos Tradicionais Portugueses Vol. I , II e III』(Ministério da Agricultura, do desenvolvimento regional e das pescas)

『Sabores e Tradição , Doçaria tradicional de Portalegre』(Camara Municipal de Portalegre.)

『Cozinha Regional do Baixo Alentejo』Manuel Camacho Lúcio著 (Editorial Presença.)

『apontamentos de etnografia, gastronomia e artesanato (tradições de Viseu) 』António L. Pires, Isabel Alexandre e Celestino Soares著 (Camara Municipal de Viseu)

『cozinha tradicional da ilha de são Miguel』Augusto Gomes著 (Regiao Autonoma dos Acores)

『A Cozinha Ideal』Manuel Ferreira著 (Editor - Porto)

『A Doçaria Portuguesa Norte』Cristina Castro著 (FICTA Editora)

『A Doçaria portuguesa SUL』Cristina Castro著 (FICTA Editora)

『Cozinha Tradicional da ilha terceira』Augusto Gomes著 (Direção regional da Cultura -Acores)

『Cozinha Tradicional da ilha de Santa Maria』Augusto Gomes著 (Direção regional da Cultura -Acores)

『Pantagruel Popular』Maria Luísa Andrade著 (Fernando Ferreira Editor)

『Cozinha Transmontana』(Alfredo Saramago／António Monteiro (Assírio & Alvim))

『Eu… A cozinha tradicional de Alcochete apresento-me』 Odília Costa Pina著(Camara Municipal de Alcochete)

『O Pão de lo de Vizela a a arte e doçaria e D. Maria da Conceição da Silva Ferreira』Eduardo Pires de Oliveira /Maria de Fátima Salgado著 (Pastelaria Kibom)

『MARVAO a mesa com tradição』Adelaide Martins/Emília Mena／Teresa Simão著 (Edições Colibri)

『Doçaria Conventual do Alentejo』Alfredo Saramago著 (Colares Editora)

『Doçaria Conventual do Norte』Alfredo Saramago著(Colares Editora)
『Tee in Ostfriesland』Hanne Klöver著(Sambucus Verlag)
『The Taste of Portugal』Edite Vieira著(Grub Street)
『Lisboeta』Nono Mendes著(Bloomsbury)
『The Oxford Companion to Food』Alan Davidson著、Tom Jaine編(Oxford University Press)

Virgilio Nogueiro Gomes　*http://www.virgiliogomes.com*
Travesseiro, Sintra　*https://www.youtube.com/watch？v=ZntmSxi6cOw*

ほか各公式サイト

COOPERAÇÃO
協力

木下インターナショナル株式会社
京都支店
京都府京都市南区上鳥羽北村山町94
075-681-0721

タカナシ販売 株式会社
神奈川県横浜市旭区本宿町5番地
045-363-1361

株式会社 青木商店
京都府京都市左京区百万遍交叉点上ル西側
075-701-5121

全協食品 株式会社
大阪府大阪市淀川区姫島4-15-9
06-6471-1238

戸川養鶏場
京都府南丹市美山町北大島43-2
Fax.075-320-3723

阿部中央砂糖 株式会社
京都府京都市下京区朱雀分木町市有地関連11
棟1号
075-312-4654

吉田産業 株式会社
京都府京都市南区上鳥羽火打形町3-1
075-681-7281

美山ふるさと 株式会社
京都府南丹市美山町安掛下25
0771-75-0815

株式会社 メルカード・ポルトガル
神奈川県鎌倉市笹目町4-6
0467-24-7975

ミルプランタン 代表 太田千春
兵庫県西宮市南越木岩町13-30 #301

Azulejo PICO
京都府京都市上京区甲斐守町121-3
075-748-0333

地中海フーズ 株式会社
東京都港区赤坂3-8-8
赤坂フローラルプラザビル2F
03-6441-2522

松翁軒
長崎県長崎市魚の町3-19
0120-150-750

Castella do Paulo ポルトガル菓子店
京都府京都市上京区馬喰町897 蔵A
075-748-0505　https://castelladopaulo.com/

日本初のポルトガル菓子専門店。数種類ラインナップしたパォンデローをはじめ、パステル・デ・ナタなど伝統菓子が豊富に揃う。イートインではポルトガルの料理やワインも楽しめる。

ドゥアルテ智子(ドゥアルテともこ)

ポルトガル菓子研究家
『Castella do Paulo ポルトガル菓子店』代表

大学時代からポルトガル菓子を追い求め、1985年ポルトガルに渡り、菓子作りに携わる人たちと触れ合いながら、研鑽を重ねる。1996年、夫でありオーナーパティシエのパウロとともに、リスボン郊外にポルトガル初のカステラ菓子工房をオープン。2015年、京都市・北野天満宮横に『Castella do Paulo ポルトガル菓子店』を開店し、ポルトガル菓子の普及に務める。ポルトガル菓子についての寄稿やテレビ出演多数。

Castella do Paulo ポルトガル菓子店
https://castelladopaulo.com

Staff
編集:羽根則子
撮影:長瀬ゆかり
現地写真:ドゥアルテ智子
装丁・デザイン:望月昭秀+境田真奈美(NILSON)
菓子製作:パウロ・ドゥアルテ、ドゥアルテ智子
写真提供:木下インターナショナル
協力:パウロ・ドゥアルテ、MOORWOOD FAMILY、ポルトガル観光局、天野真隆・芙美(善導寺)、三宅志歩、Castella do Paulo ポルトガル菓子店スタッフ

ルーツは修道院。
知っておきたいポルトガル菓子101選

ポルトガル菓子図鑑
お菓子の由来と作り方

2019年11月16日　発行　　　　　NDC596
2025年 7月 4日　第2刷

著　　者	ドゥアルテ智子
発　行　者	小川雄一
発　行　所	株式会社 誠文堂新光社
	〒113-0033 東京都文京区本郷3-3-11
	https://www.seibundo-shinkosha.net/
印　刷　所	株式会社 大熊整美堂
製　本　所	和光堂 株式会社

ⓒTomoko Duarte.2019　　　　Printed in Japan

本書掲載記事の無断転用を禁じます。

落丁本・乱丁本の場合はお取り替えいたします。

本書の内容に関するお問い合わせは、小社ホームページのお問い合わせフォームをご利用ください。

本書に掲載された記事の著作権は著者に帰属します。これらを無断で使用し、展示・販売・レンタル・講習会等を行うことを禁じます。

JCOPY〈(一社)出版者著作権管理機構 委託出版物〉
本書を無断で複製複写(コピー)することは、著作権法上での例外を除き、禁じられています。本書をコピーされる場合は、そのつど事前に、(一社)出版者著作権管理機構(電話 03-5244-5088／FAX 03-5244-5089／e-mail:info@jcopy.or.jp)の許諾を得てください。

ISBN978-4-416-71914-5

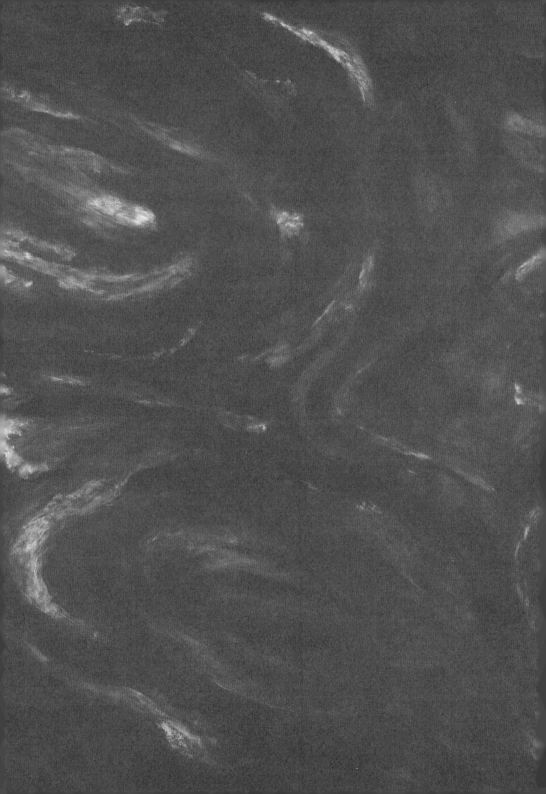